JN411482

둥근 초록을 쓰다

둥근 초록을 쓰다

이경은 시집

시와사람

작·가·의·말

널 부러져 떠다니는 생각의 조각들을
둥근 초록으로 깁고 싶었다

가만히 있으면 아무 일 없을 텐데 구설을 자청해 본다.
불면증으로 뒤척일 때 『둥근 초록을 쓰다』를 펼쳐 보면 도움이 되겠지
그것이면 족하다 생각한다.

내게 펜을 쥐어준 내편께 『둥근 초록을 쓰다』를 맨 먼저 바친다.
첫 번째 독자 내편은 평(評)을 부탁하면 편(便)만 들어주었다.
내 시가 느슨하고 말랑거리는 이유일 것이다.

생전에 '내 딸은 놓고 보기도 아깝지' 하시던 어머니의 사랑이
시의 밭이 되어 주었다.
억새밭은 바람에 출렁일 때 빛이 난다

둥근 초록을 쓰다

몇 개의 태풍을 밟고 왔는데 한나절 바람이 출렁였다고

넘어질 억새밭이 아니다.

그것은 제 키보다 깊이 뻗은 뿌리 때문이다.

내 삶의 뿌리는 어머니의 황토밭에 닿아 있다.

시집이 나오면 황토밭 어머니를 찾아 우슬재를 넘어가야겠다.

코로나19는 무슨 일을 저질러도 풍악 소리를 내지 못했다.

『둥근 초록을 쓰다』를 사랑하는 가족, 형제, 친구, 지인들께

내 생의 반나절 평가보고서로 제출하며,

풋살구로 빚은 둥근 초록을 마당에 널어 익혀 보아야겠다.

그저 늘 감사합니다.

2021. 1.

차례

1부 동백꽃은 붉었다

2부

베갯속 풍경

3부

억새밭

4부

둥근 초록을 쓰다

5부

그곳에 가라

1부

동백꽃은 붉었다

손의 역사

낡은 갈퀴 같은 손등에
소설 몇 편을 올려놓았다

짧고 뭉뚝한 손가락과 넓적한 손등은
머슴을 닮았다
물 젖은 나무로 불을 피우던
새벽 물로 밥을 짓던
어둠보다 깊은 책장을 넘기던

매니큐어를 입히면 주눅이 드는 손
영양크림 수분크림 다독이면
속옷 벗은 정맥들이 줄지어 선다

삐비꽃 살결을 흔들던 손등에
천 개의 꿈이 깃든 적이 있다

백석의 시로 머리를 헹구던,
더듬거리는 펜으로 시인을 앓았던 손

천 번의 악수
천 번의 박수
천 번의 실수와 천 번의 삿대질로

굳은살 입은 엄지의 바지 끝에
뭉개진 검지의 치마 속에서
숨겨진 꿈의 기록을 보았다.

동백꽃은 붉었다

헐렁한 셔츠는
추위 가릴 생각을 놓았다

얼굴빛이
씀바귀로 피고 있었다

젊음이 설 곳 없는 세상 공식에
키워야 할 꿈의 미적분은
풀수록 얽힌다

잭과 콩나무처럼 자라는
처방전은 없을까

낙타 한 필 없이 사막으로 가는 길
질펀한 얼굴 훔쳐내
바지춤에 문지르는 손등을 보고 말았다

석양빛에 붉어진 동백꽃에
핏빛 웃음이 걸려 있었다.

행복

낮은 곳에 있다하여
내려놓고
내려놓고
또 내려놓고

가벼워야 쉽다하여
비우고
비우고
또 비우고

너는 너무 커서
더 낮게
더 많이 비워야

그렇게

내게로 온다.

꽃밭에서

형제자매 편안해서
느긋하다 했던 말이
이러쿵저러쿵 돌고 돌아
불편함이 한 지게라

직장동료 이해하려
쉽게 가자 했던 말이
이런저런 말이 섞여
오해가 한 섬이라

안창살 깊은 곳에
네 사정
내 사정
돌무덤이 첩첩이라

철없는 애기며느리꽃, 한 성깔 개모시꽃, 애교 많은 채송화, 부지런한 나팔꽃, 속 깊은 비올라, 가시 많고 털 많은 송장꽃 앞에 놓고 주먹질에 삿대질로 핏대세워 꺾어대도

불편한 일 없더라
오해할 일 없더라
속이 트여 시원터라

약속 1

연극 「옥주」를 보고

옷고름 풀면서
더듬더듬했던 말
무섭고 외로울 때 손잡아줄게
죽음도 주춤하는
신혼 밤 몽롱한 약속

저잣거리 치마폭이 남편을 훔쳐 가고
내리 석 삼 년
대문 열어두고 턱 괴어 기다린 세월
하늘은 옥주의 눈물을 기록했다

첩(妾) 가슴에 코피 쏟은
시신(尸身)을 철수세미로 빡빡 닦고
백일곱 번 묶어
가슴에 박힌 못을 뽑아 관(棺)에 박았다

꽃가마를 탔다
족두리 쓰고 연지분 찍고
명사십리 해당화야 꽃이 진다 서러마라

어화 넘자 어화 넘어
명년 삼 월이 오면 너는 다시 피련마는

노래는 노래를 불러 컴컴한 재를 넘었다

손 내밀어 반기는 사람
무섭지, 내 손 잡아요

아지랑이 같은 순간이었다.

약속 2

꽃도 가꾸지 마라
꽃길은 내가 놓아줄게
아침에는 해바라기를 피우고
저녁상에 감꽃을 차리자
더우면 화채에 밥을 말고
눈이 오면 촛불 밝혀 곱게곱게 바라보자

장미넝쿨 올릴
주춧돌을 놓았다
넉넉잡아 삼 년을 바랐는데
삼 년씩 열 번을 넘어
닥쳐오는 태풍과 가뭄 앞에서
아직도 우리가
무너지지 않은 것은

복사꽃을 보러 가자
손가락을 걸었기 때문이다
날 저물어
한 지붕 밑으로 돌아온 것은

빈터에 세운 약속의
자물쇠를 지켜야 하기 때문이다.

문득, 연우카페

목소리에서 물소리가 찰랑거렸다

시리도록 하얀 손목에서
염주 알 구르는 소리가 났다

화장기 없는 낯빛이
화사하게 고왔다

지리산을 펴온 찻잔이
그리움을 달여 냈다

바람자락도 인연이 되는
연곡사 연우카페

아기 단풍 옷자락이
찻빛으로 젖어든다.

오늘

하늘이 푸른 것은 새들이 날개를 파닥거렸기 때문이다
하늘이 높은 것은 꽃들이 낮게 피었기 때문이다.

고요한 사람들

1

얼마만큼 높아야 고요할 수 있을까요
얼마만큼 깊어야 잔잔할 수 있을까요
얼마만큼 무릎을 꿇어야 외롭지 않을까요

2

새벽안개를 일으키는
지리산의 숨소리가 차갑습니다
도량을 깨우는 스님의 목탁소리
산등선을 넘습니다

3

옹이진 무릎으로 향을 올리는 막달 보살도
강원도 총각의 반야심경도
구석진 곳 쓸고 닦는 서울 처사도
산나물 헹구는 공양주의 손놀림도 외롭습니다.

4

바람의 손등이 주름져 있습니다

구름의 낯빛이 한가합니다
웃음 띤 연우카페 보살도
다 잡은 듯 놓친 듯
눈빛 촉촉한 지운 보살도
아이 둘을 키우며 불경(佛經)이 된 금광처사도
스님의 예불 소리에 고요해졌나 봅니다

우슬재를 넘다

풀어 놓아야 할 속 이야기 있을 때
우슬재를 넘어갔다
늦가을 갈참나무잎 소리 나는
당신 손을 잡았을 때
아무 일 없느냐 물으시는 순간
자궁 속에서 올라오는
뜨거운 불덩이 힘주어 삼키며
일은 무슨 일 아무 일 없다 해 놓고
우슬재를 넘어오다
옥천골 겨울 벌판을 향해
목에 걸린 불덩이
쏟아 내었다

살아가는 일이
산 넘고 넘어
긴 늪을 지나야 평야에 닿는 일이라
막막하고 답답할 때
우슬재를 넘어갔다
황토밭 양지쪽 한 평 땅

당신 등에 기대어 산 도적 이야기
독뱀 이야기
낙타 바늘귀 지나온 이야기
봄날 필 꽃 이야기도 잔에 채워 올렸다

흉도 허물도 부족함도 부끄러움도
당신 앞에 풀어 놓으면
꼬막껍질 하나도 채우지 못한 일

우슬재 터널 속을 쌩쌩 달려 나왔다

※ 우슬재 : 전남 해남의 관문 (소가 무릎을 꿇고 있는 형상. 지금은 터널이 뚫렸음).

해넘이

채석강 입술이 해를 집어 삼킬 때 바다는 초경으로 붉었다

칠산 앞바다는 처녀를 삼키고 썰물이 질 때까지 출렁거렸다

아직도 채석강 바위에는 처녀의 첫 경험이 물들어 있다.

그대

그대가 나를 살아가게 한다

그대가 나를 외롭게 한다

그대가 나를 꿈꾸게 한다

그대가 나를 아프게 한다

그대 때문에 내가 죽을 것이라고 생각한다.

보라카이에서는 순결하지 말라

1

보라카이에서는 그 누구도 순결할 수 없다
심장의 피 더듬는 소리 들리는 바다
시린 눈물로 안기는 하늘
처녀의 속살로 부드러운 은빛 모래
무슨 일이든 저질러야 용서되는 젊음
그 곳에서는 열일곱 순결도 부끄럽게 물이 든다
그대 순결하고 싶거든 보라카이로 가라

2

보라카이에서는 취하지 않을 수 없다
태양을 삼킨 요염한 노을빛이
부활의 아침보다 숭고한 애무를 한다
욕망의 숨소리 흐느끼는 요트 위에서
한 번도 섹스를 모르는 바다를 깔고
뜨겁게 타 오르는 갈증을 퍼 마신다
삼백 날 알콜에 담겨 살던 사람도
노을보다 붉은 절정에 오른다

3

보라카이에서는 한 사람도 반성하지 않는다
에덴의 이브처럼 부끄러움 가리고
자궁 속까지 들이대는 바닷물에
반나절 절여지면 반나절은 모래밭에 엎어진다.
숨겨도 감출 수 없는 곳
보라카이에서는 그 누구도 순결하지 말라.

※ 보라카이 : 필리핀 중부 파나이섬에 있는 휴양지.

람블라스에서

설레임으로 가득 찬 인파의 출렁임
세상사람 빠짐없이 모인 거리
누구라도 부르면 손 흔들어 줄 것 같은 사람의 물결

람블라스 카탈루냐 광장에서
잃어버린 사람을 부르면 찾을 수 있을 것 같다

콜럼버스 동상을 감고
세계인이 빙빙 돌면서 강강술래를 한다
지중해 대륙을 밤새워 밟고 돌다보면
누구나 닮은 행위예술가가 된다

어둠의 열기에 모여드는 사람들
어디선가 뛰어올 것 같은 사람
저 숱한 무리들 속에 그 사람만 없을 리 없는
한|번|만 이름 부르면
총총총 달려와 줄 그 사람이 있는 거리
람블라스 거리

깊은 가을

아름다운 것이 무엇인지
보내야 하는 것이 무엇인지
단풍이 깊어지면 가을이 보입니다

아름답기 위해서
멍이 들기도 한다는 사실을

새끼 둘을 길러내고
뼈마디마다 숨소리 들립니다

검버섯 물들던 부모도
새파랗게 푸르던 형제도
낙엽 날리듯 떠나갔습니다

추수를 들이는데 헐렁한 수레에
세월이 쌓였습니다

내 가을도
혼자서 깊어가나 봅니다.

아픔은 삼킬 때 눈물 타는 소리가 난다

목에
가시가 걸려
울었느냐

숨소리도 얼어붙던
그 겨울

목에
눈물이 걸려
아무 말
하지 못했다.

내 아이

꽃이 있을까
노래가 있을까
춤이 있을까

이 세상에 어디에 이런 일이 있을까

이슬 속 햇빛을 피다

얼굴을 묻었지

떨리는 가슴으로 다독이던 밤

심장에서 뱃고동 소리가 났지

눈물의 깊이를 헤아릴 물정도 없이

들판의 물줄기 따라 나섰지

너는 마당에 토끼를 기르고

나는 햇빛을 익혀야지

화창한 노래 한 곡 끝나기도 전에

우거진 갈대밭을 만났지

햇빛은 마포바지 지나듯 하고

갈대마냥 바람 속을 흔들거렸지

밤이슬 먹고 핀다는 꽃은

아침의 햇빛 속에 피어나겠지.

소나타에게

계란 껍질을 밟아 놓은 인상이다
천식 끓이는 소리를 훌쩍거리다가
때론 끙끙거리며 앓는다
부석부석한 검버섯이 측은하다

낡은 신발 꿰매어 신고
부딪히고 넘어져
뼈 마디마디
이 갈리는 소리가 난다

나도
비타민 한 알로 백두까지 오르며
혹한의 몸살기
커피 한 잔으로 달래며
작은 새처럼 날아 왔는데

한 여자만 섬겨온
일편단심

조금만 더 달려다오 지난 번
얽히고설킨 길 위에서

허우대 에쿠스도
느끼한 외국 물 녀석도
제꼈던 적 있었잖니

산 보고 시 쓰고
강 보고 시 읊으면서
달려보자 내 사랑 소나타야.

바람 맛이 들었다

백양사 가인마을
비자나무 숲길을 따라
눈도 입도 푸르게 청류암에 갔다
갓 태어난 아기단풍 바람을 먹고
까치밥이 익고 있었다

새들이 얼굴 씻고
깃털 헹군 장군샘 물로
밥 짓고 차를 우린다

대웅전 아래 백일홍 나무 밑
돌방석에 누워
사흘을 퍼마셔도 줄지 않은 바람이 산다

색불이공 공불이색 색즉시공 공즉시색
스님의 염불은 산속 생명들 몫이다

오라가라 말이 없고
하라마라 주문이 없다

늦바람 무섭다는데
바람 맛에 들렸다.

허풍

유치원 시절 그림일기에 샤갈과 피카소가 담겨 있었다 백일장
에서 받은 상장 안에는 도스도예프스키도 까뮈도 끼어 있었다
중학교 수학 시험지에는 히포크라테스며 아인슈타인의 징후
가 역력하였다

하버드나 옥스퍼드 캠퍼스를 상상해 본다

부모는 허풍을 달고 산다
자식 둘을 키우다 보면 날마다 허풍이 출렁거린다
허풍으로 허풍을 낳아 기른다

천 번의 허풍이 무너지고
선산의 소나무 가지가 굽어지면
아이들의 머리도 굵어지고
허풍 위의 바람소리도 잦아든다

고만고만한 씨앗을 골라 가슴에 심어 준다.

2부

베갯속 풍경

쉰둥이

시어머니가 다섯째 딸을 낳고 보릿고개를 넘던 봄. 며느리는 대문 밖에 고추를 매달았다.

쉰셋 시어머니는 배를 감추려 온 몸이 부셔지게 장국을 들이마셨어도, 속절없는 산달이 왔다.

시어머니 젖은 가뭄처럼 보타 쉰둥이 막내딸 며느리 젖 빨던 날, 고쟁이 속 곳간 열쇠를 며느리 손에 넘겨 주었다.

동냥 젖 먹고 자란 우리고모. 줄줄이 태어난 조카들 뒷수발과 콩밭 깨밭 잡초를 뽑다가 동백아가씨 가락에 맞춰 쉰둥이 서러움을 땡볕에 그을렸다.

스물셋 되던 해, 곱게 분칠하고 시집가던 때 읍내 장 구경이 처음이라 했다. 감자밭에 앉아, 화장품 외판원 입으로 읍내소식 듣지 않아도 되었다.

쉰둥이 고모. 콩밭, 깨밭 꿈이 피어올라 지금은 곳간 열쇠 주렁주렁 열렸다.

당연한 일

- 이사 승진을 축하하며

해남 황토를 밟고
짜디 짠 산이 갯바람 이겨
맵디 매운 안산 북풍도 참아냈구나

삼일절도
광복절도
6·25사변일에도
회사에 태극기를 걸었다

이슬 받아 아침을 때우고
별빛 몰고 집에
오길 수십 세월

당연한 일이지
앞으로 기리기리 찬란하여라

당신의 무게

떡갈나무 잎이 참새처럼 날립니다
떡갈나무 잎보다 가벼운 무게로
작은 몸피로 아버지는 떠났습니다
떡갈나무 잎처럼 바삭거리던 아버지의 팔목,
마른 아버지의 발목이 바스러질까 걱정되어
싸고 또 싸고 동여매고 또 동여매어
선산에 심었습니다

타오르는 목젖을 적시려고 그리움을 삼켜봅니다.

한소리 또 하고 다시 한다고, 요즘 어느 집 자식들이 "공자 왈, 맹자 왈" 듣고 있냐고, 만나는 사람마다 "본이 어디며 무슨 종파 몇 대손인지" 그런 것 좀 묻지 말라고 참새처럼 종알거렸습니다. 주말마다 전화해서 "오늘은 뭐했냐? 내일은 뭐 할거냐?" 뭐가 그렇게 궁금하여 사사건건 자식들 발목을 잡느냐며 투정을 부렸습니다.

외롭다는 신호였는데
함께하자는 청탁이었는데
알아듣지 못한 참새는 짹짹거리기만 했습니다

떡갈나무 잎이 참새처럼 날립니다
여든다섯 해 동안 아버지가 짊어진 세상의 무게가
하염없이 떨어져 내리고 있습니다.

베갯속 풍경

1

시집올 때 친정에서 마련해 온 혼수 중 아끼는 물건이 있다. 베이지색 공단 이불 세트다. 촉감이 부드러운 공단에 목단꽃과 노란나비 백 마리가 수 놓여 있고 화사한 레이스가 달려있다. 베개 양쪽에는 두 마리 나비가 작은 목단 꽃을 사이에 두고 다정하게 날고 있다. 침대 위에 나란히 놓고 살결보다 보드라운 공단 이불을 펴면, 백 마리의 나비가 침실을 가득 채웠다. 신혼의 나는 나비가 되었다가 목단꽃이 되기도 했다.

2

첫 아이가 태어나고, 베갯잇 레이스에 실밥이 터지고 나비 날개에 상처가 나고 목단 꽃잎은 시들어 보푸라기가 났다. 나비는 침실을 날지 않았고, 목단꽃 향기도 피워내지 못했다. 베개 중앙은 누렇게 색이 바랬고 속살이 부끄럽게 비어져 나왔다.

3

포플린에 핑크색과 흰색 체크무늬를 베개 덮개로 바꿔 끼웠다. 버리기가 섭섭하여 덧 씌워 보았다. 공단 베갯잇처럼 보드랍지는 않았지만 단단하고 깔끔했다.

4
포플린 베개 덮개도 실밥이 뜯기고 색이 바랬다. 그 위에 들꽃이 한 송이 수놓인 투박하고 견고한 무명 덮개가 씌워졌다. 살가운 부드러움과 향기는 없어도 빨면 빨수록 희고 고운 빛을 내었다.

5
두 아이가 자라면서 들꽃도 낡고 색이 바랬다. 공단 속옷에 포플린 속옷에 무명옷으로 무장한 베개는 삭아 내리고 굳어가는 제 속살을 보이려 하지 않았다.

6
베갯속 풍경과 함께 내 삶의 풍경도 여러 벌의 옷을 바꿔 입었다.

누이에게

너는 왜 그리 고우냐

밤꽃 향기 밤잠 흔들어 피어 오를 때
기억하지야
빼꾹새 목이 쇠도록 부르던 이름을

바다 밑 조갯살보다
살빛 고운 누이야

밀 보리 숨차게
익어오는 언덕
삼나무 숲 걸었던
살 냄새를 기억하지야

오늘도 잰 걸음질로 가 보았느냐
바람 자락도 찔레순도 부모님도 반겨하더냐
그 사람 살 냄새는
여전히 따뜻하더냐

누이야
서귀포 바다 끝에서도 한라산 백록담 위에서도 절물 삼거리에
서도 그 사람 함께 있더냐

외로워서 더 고운 내 누이야

누이의 연가

당신을 찾아 절물 삼백나무 숲속을 뒤졌습니다

등판만한 침대를 베고
체취를 품고
악몽에 출렁였습니다

봉개 선산 당신 무릎에 앉아
헛웃음 쳐 보고
혼자말도 지껄이고
한바탕 억지를 부려보지만
산새 한 마리 고개를 갸웃거릴 뿐입니다

손길 닿은 곳곳에 당신으로 가득 차 있습니다
소리라는 소리는 모두 당신 소리입니다

예순 여섯 해 당신의 발자취
한 올 한 올 명주실에 꿰어
한라산과 용두암에
옥빛으로 새겨 드리겠습니다

산 사람은 살아간다지만
이 그리움의 몸살로 하마
죽어야 살 것 같습니다.

오빠 생각

듬쑥하니 말 없던
우리 집 장남
인정 많아
헐렁한 호주머니
핀잔도 많이 들었네

얼마 전에 집에 들러
한참을 뭉그적거리다가
한 이백만 원 없지야

없지만 있었는데
없지만 있었는데
말 수 없던 사람
그 입 떼기 얼마나 힘들었을까

고추잠자리 유난히도 많이 날던 날
숨소리 헐떡이는 앰뷸런스
말 없는 마흔 고개 넘어
사남매 놓고 간 우리오빠

이백만 원 여기 있는데
여기 있는데.

보라의 나라

밝으락 붉으락
열정 많은 빨강색
이래도 열 내고 저래도 열 받아
피부도 빨갛고 눈빛도 빨갛고 입술도 뻘게서
빨강 물들인
나라

푸르락 파르락 성질 급한 파란색
큰일도 푸르락 작은 일도 파르락
피부도 파랗고 눈빛도 파랗고 속마음도 파래서
파랑물들인
나라

여름 한 철 뙤악볕과 폭우 지나고
동지섣달 찬 서리 북풍 지나서

빨강파랑 뒤섞인 요정의 나라
아롱다롱 피어나는 보라색
나라

어머니의 밭 1

어머니 요강 비우는 소리에
장닭은 홰를 쳐 새벽을 알렸다

식구많은 우리집에 손님 끊기는 날 없었다

막내 외삼촌 왔다 가면 둘째 이모 오고 둘째 이모 가고 나면
셋째 외삼촌 오고 가고 나면 또 오고, 또 가고 나면 넷째 이모
오고 막내 이모 가고 나면 누군가 또 사립을 열고

우리 집 가마솥은 땀을 뻘뻘 흘리며 고봉밥을 지어냈다

밭일 가는 소변 동이에서 속 썩는 냄새가 피어올랐다
시동생과 여섯자식
아홉 동생들 그 밭에서 길러냈다

촌 부자(富者)는 일 부자(富者)
어머니 속에 말은 거름이 되어
깨꽃도 하얗게 그 밭에서 피어냈다.

어머니의 밭 2

보리를 심어 겨울을 이겼던
어머니의 이랑은 깊고
호미 끝이 뭉글어질 때
감자 꽃은 피어올랐다

육남매 밟고 갈
세상의 길이
땅거미 지는 밭이랑의 얼룩을 닮았다

땀 젖은 가슴에
풀물이 들 때
콩꽃은 꼬투리로 여물어 갔다

이랑 긴 그 밭
큰 개울 건너가는 어머니 밭.

어머니의 참외

나를 가졌던 어머니는
참외가 한 알 먹고 싶었다
보리밥도 귀하던 보릿고개 언덕에서
참외 한 알 먹으면 뱃구레가 쑤욱 일어날 것 같았다
아버지 퇴근길에 밀수품처럼 숨겨온
참외 두 알
어머니 얼굴이 복사꽃처럼 환해졌다
시부모, 시동생, 연년생 자식들,
사방 눈이 무서워
어머니는 참외를 옷장 속에 숨겨 두었다
아궁이에 불을 지피다 방문을 열어보면
단내가 방안 가득 차 올라 있었다
냄새만 맡아도 속이 어루만져 졌다
어젯밤은 아이가 보채는 바람에,
다음날은 제사가 있어,
다음날도, 다음날도 솔솔 풍기는 단내만
코 속으로 빨아먹었다
빈 속을 냄새로 채우고
한 입 베어 먹을 생각에
어머니 발걸음은 항상 바빴다

옷장 속 열어보니
폭삭 곪은 참외는 단내만 무성했다.

정화수

삼십분만 늦게 태어났으면
소년등과(少年登科) 했다는 말을 듣고
고시 합격 못한 아들의 운명이
삼십분 빨리 낳지 못한 당신 탓이라 여겼다

새벽을 움켜잡은
아버지의 뒤척임에서
박자 놓친 아쟁소리가 났다

자식 낳아 길러보아도
부모 마음 헤아릴 여유 없어
봄물보다 깊은 정화수는 어머니의
맑은 이마를 비쳐 주었다

늪에 빠졌을 때나
터널 안에 갇혀을 때도
일어설 수 있었던 힘은
어머니의 지극한 정화수 덕분이었다.

더 이상 두만강은 오지 않았다

두만강 푸른 물에 노 젓는 중에라도, 두 눈 지그시 감고 오른 손 검지를 세워 박자를 맞추었다 가장(家長)의 날개 휘청거리는 탁주 같은 날에도 반드시 들리던 우리 집 두만강

긴 하루를 삭혀 초송리 잔등 넘어올 때 두만강은 유독 푸르게 출렁거렸다

노을빛이 산허리를 태우던 날 마흔 넷 오빠가 노을빛을 따라 서쪽으로 건너가던 날 그날부터 두만강은 우리집 마당 앞에 오지 않았다

여름이 열 번, 가을이 스물 번쯤 들락거리도록 아버지가 부르던 노래. 다시는 두만강이 오지 않았다.

경력 증명서

추울 때 이불이 되어준
배고플 때 밥상이 되어준
따뜻한 포용과 뜨거운 박수를 가르쳐준 어머니가
내 최종 학력이다

땅에 씨를 뿌리고
가문 논에 물을 대고
가을에 울타리를 고쳐
겨울을 지나는 아버지의 사계절이
내가 깨우친 최고의 자격증이다

조부모 숙모 숙부
식구 많은 우리 집은
명문가 명문학교

싸우고 우기고
사랑하고 양보하고
배려하고 존중하는

부족할 것 없는 유년이 내 최고 경력이다.

전화벨이 울렸다

엄마가 보고 싶었나

속 뒤집히는 일 있었나

외로움 밟히는 나이

전화벨이 울린다

“뭐해”

아이 만드는 방

부잣집 외동 딸 할머니는
양반가(兩班家)만 된다는 부모 말 따라
총각 서당 훈장과 혼인을 했다

사서삼경(四書三經)으로 묶은 가난과
낡은 세간에는 천자문(千字文)보다 깊은
천 길 낭떠러지가 새겨져 있었다

아들 낳으려다가 딸 낳고
딸 낳으려다가 아들 낳고
어쩌다 그저도 낳고

전답(田畓)보다 먼저 일어난 자식 농사에
할아버지 서당에는 자식이 절반
옆 마을 큰사랑 댁에도 꿇릴 일이 없었다

마흔둥이 아들
쉰둥이 딸
삼신 할멈도 쉴 틈이 없어

몸살을 앓았다

다섯 자 반 할머니 방 한 쪽에
할아버지 발가락이
이부자리 스치는 소리 바스락 거린다.

화순댁의 노래

손보다 발이 빠른
발보다 몸이 빠른
밤밭 집 딸 화순댁은
별똥별 지나듯 일을 한다

화순댁은 놀면서도
눈을 두리번거리고
괜한 물건 이리저리 옮겨보고
자면서는 발길질도 잘 한단다

화순댁 쉬는 일은
두 손자 육아

화순댁 애창곡은
노세노세 젊어서 노세

화순댁 뼈마디에
구멍 뚫린 소리 들린다

매미의 사랑법

그 여름은
매미 떼 날개에 실려왔다
매미 떼 울어 여름을 덥혔고
매미 떼 울어 더위를 토해냈다

그 사랑은
매미 떼 속옷 속에 실려갔다
매미 떼 울어 여름을 식혔고
매미 떼 울어 더위를 삼켰다

그의 사랑을 어림잡는데
유충(幼蟲)의 세월이 걸렸으나
그 사랑의 보답에는
한 철 울음이 전부였다

어르신

정계(政界)에 어르신 계시나요
재계(財界)에 어르신 계시나요
학계(學界)에 어르신 누구시나요
문단(文壇)에 어르신 누구시나요

마을 어르신은 여전 하시나요

우리집안 어르신은
막내 숙부님

키도 작고
말수 없고
눈도 작지만

손 저어 내치지 않고
고개 치켜 유세有勢 없는
반듯한 것 양보하고
얼룩진 것 마다 않은

별이 없는 밤에도

파도 높은 날에도
등대로 서 있는
작은 거인

그 어르신

들꽃 이야기

글 읽는 일보다 밥 짓는 일을 많이 한
밥 짓는 일보다 밭일을 많이 한
밭일보다 바느질을 많이 한
바느질 보다 빨래를 많이 한

다섯 동생 업어 키운
꿈속에서도 동생이 업혀있었던
이런 꿈을 꾸는 날은
국수라도 얻어먹는 좋은 일이 생긴다며
곱게 웃는

먹는 것 입는 것 좋은 것 보면
남편 것부터 챙겨 놔야 마음 놓이는
남편만 그리는
남편만 기다리는
남편이면 다 되는
남편만 남자인

들꽃보다 순결한 여자

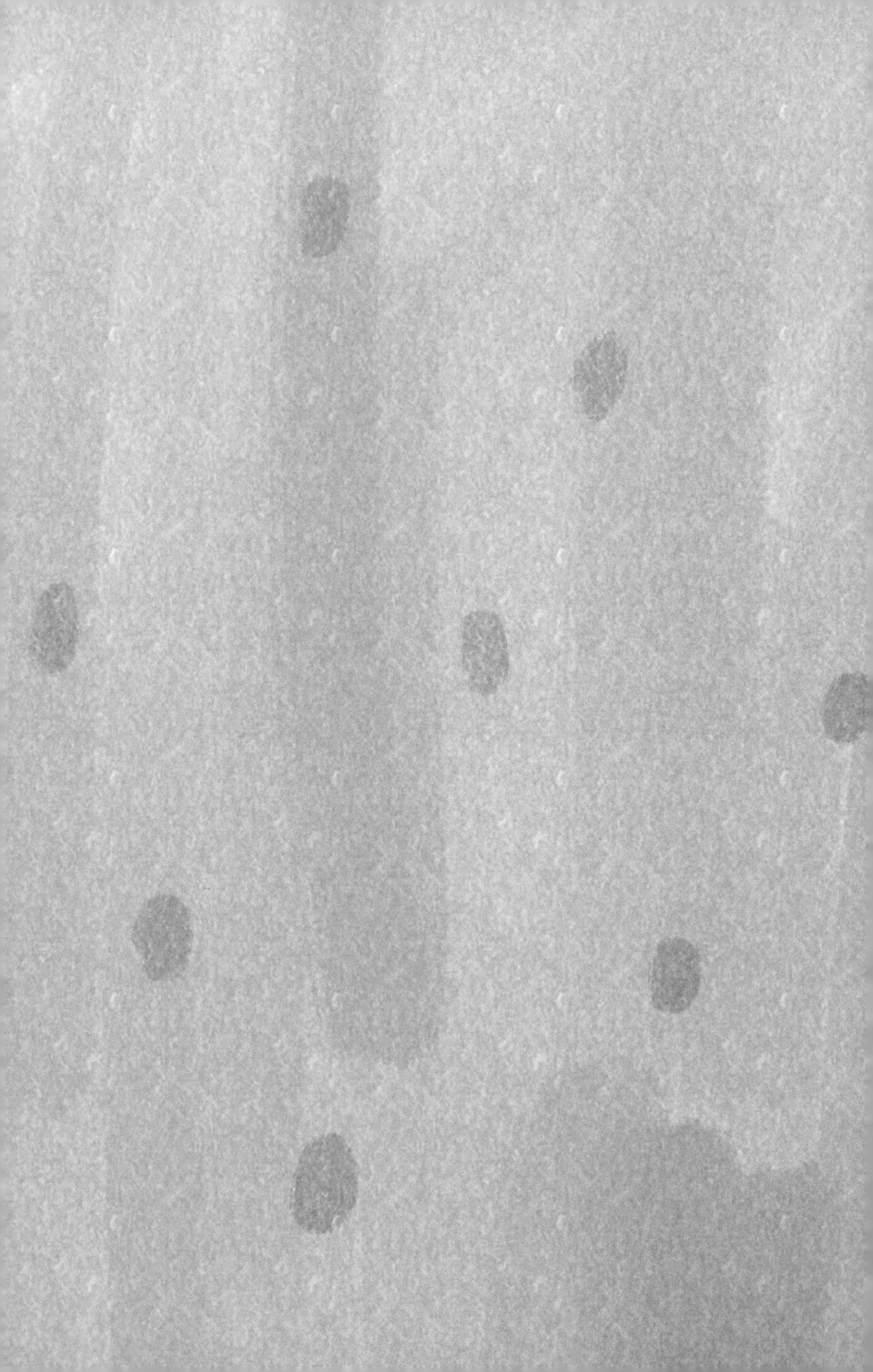

3부

억새밭

신부여

새순이 피던 봄

햇살보다 큰 소리로 웃어라

슈퍼우먼

머리에 베개를 이고 가슴에 싱크대를 품고
양말 한 짝 핸드백에 구겨 넣었다

엘리베이터 안에서 눈썹을 세우고
붉은 신호등 앞에서 빨강 립스틱을 바른다.

그녀는 물란을 닮았다

삼백 네 개의 꽃
떨어진 팽목항에
노란 리본을 걸던 날

산천이
손을 놓았다

긴 머리
가는 허리
검은 피부가 물란을 닮았다

그녀는 아직도 수학여행 중
팽목항 바람에
그녀 긴
머릿결이 외롭다

백 년이 지나도
오늘이

그날

2014년 4월 16일
대한민국은 모두 말을 잃었다.

퇴직 선언문

서편제로
목청을 높였느니라

틀어진 박자 주워
탱탱한 줄을 튕겼느니라

여기저기
꽃피고
꽃지는 하루
오늘도 이리저리 뒹굴었으니

이쯤 해서
한
번
쯤
우당탕탕 내팽개치고

휘바람을 불어도 좋으리

선생님의 초대

아가야
책가방이 왜 그리도 무거우냐
집안 사연을 짊어지고 왔구나

아가야
친구에게 발길질을 하였더냐
캄캄한 울음을 토하고 싶었구나

아가야
수업 시간에 보이지도 들리지도 않더냐
창창한 속이 텅텅 비었구나

아가야
우두커니 혼자 있구나
마음이 자라느라 힘이 들겠구나

교육복지실로 오너라
차 한 잔 하자꾸나.

사서 선생님

라벤다를 풀어
놓은 것 같은
종이 향기 뒤에서의
사서 선생님
그윽하고 든든하다

학생들은 책이름을 부르고
선생님은 대답한다
출신 배경 성향 성적까지 털린다

더듬거린 몇 마디 정보로
몇 분단 몇 째줄 무슨 책인지
찾아 내신다

사리가 분명하고
논리가 빠른

학생들은 자꾸만 책 읽는 일보다
사서 선생님의
책 이야기 듣는 것을 더 좋아한다.

영양사 선생님

쪼글쪼글 졸여진 감자 조림은
쫀득쫀득 심장을 졸여낸 시간

노릇노릇 구워낸 참치구이는
종종걸음 달궈진
긴장緊張 한 스푼

수업 시간표는
알수 없지만
식단표는 암기과목
오늘은 장각(長脚)다리
나오는 날

들숨 한 번 먹고
날숨 한 번 뱉고
식판을 들이 마신다

종소리보다 빠른 식사시간
장가다리로 웃는 선생님

번번이 늦은 종소리

4교시
끝 종소리는
급식실
달리기 시합
종
소
리

종소리보다
빠르게
아이들은
이미
급식실 테이프를 끊었다.

못된 학교

모두 죄수처럼 얼굴을 가렸다
몰라볼 뻔 했다

삼분의 일
등교 날

수업 시간도, 쉬는 시간도, 점심시간도
아이들 소리가 사라졌다.

삼분의 이 등교 날
농구대 밑에도 벚꽃나무 벤치에도
아이들이 없다

마스크 쓰기
친구들과 멀리하기
질문하지 않기
노래하지 않기
봉사활동도 동아리활동도 하지 않기

학교는 못된 것만 가르친다

빈 집의 아이들

청와대는 정독하고 교육부는 필독하라

탄원서 같은 제목을 써 놓고, 건조한 글 몇 줄로 아이들 마른 삶을 축일 수 없어 썼다 지우기를 반복한다. 뉴스는 매일 청소년의 비행을 날리며 무서운 아이들이라 말한다. 아무려면, 아이 버린 부모보다 아이 버리게 한 현실보다 아이들이 무서울까.

빈 집이 무서울 뿐, 어쩌다 집에 오는 희망이 아빠처럼. 어쩌다 학교 오는 희망이네 집 말라빠진 김치통은 부끄러움으로 붉디붉다.

아빠친구가 시커멓게 덮치던 날 까맣게 혼절한 아이에게도, 엄마와 마지막 먹었던 자장면 집 앞에서 아직도 엄마를 기다리는 아이에게도, '나 죽으면 네가 내 물 떠놓아야 한다'는 할머니의 푸념을 이해 못하는 아이에게도, 희망사항에 "혼자 있는 것" 이라 적은 보육시설 아이에게도, 지각보다 결석이 결석보다 조퇴가 더 많은 아이에게도,

요즘 아이들이 어쩌고저쩌고 떠들지 마라. 아무려면 국회보다 무서울까. 삐뚤어진 어른보다 무서울까. 제 날개 밑에 새끼를 품어 둥지를 지키는 어미새부터 본 받게 하라.

평야에 닿는 길

쓸개즙 타는 속사정
누구한테 말해요

사는 일 다 그렇지요
말 안해서 그렇지
사연 없는 집 어디 있나요
하나 얻으면
더 큰 하나
내 주어야 된다는 것을

살다 보면 알지요
자식 키우는 사람
콧노래 어깨춤도
기도처럼 무릎을 굽혀야 된다는 것을

여름 지나
겨울 오듯
산 넘고
강 건너야 평야에 닿는다는 것을.

파도

파도는 노래로 출렁여도 눈물을 흘린다
파도는 해안을 품고 자도 외로워서 떤다

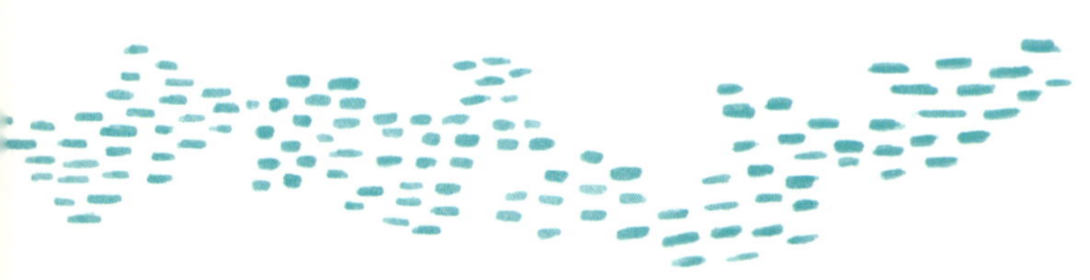

염화시중拈華示衆 의 미소

봄날의 여자
3개월 출산휴직
화무십일홍(花無十日紅)
맞지

여름날 두 번씩 아이 낳은 여자
3년 육아휴직
광음여시(光陰如矢)
그렇지

가을 깊어
30년 여자휴직 받은 여자
염화시중(拈華示衆) 미소를 짓지

마하가섭* 미소로
거울 앞에 선 시인의 누이

* 마하가섭 : 부처님의 5대 제자 중 한 분.

가지 많은 나무에 열매 많이 맺는 법

매일시장 구석진 이불가게
사법고시 두드리다 닳은 살림

부부의 부양 의무를 설說한
법학도 규업형

자식이 둘도 셋도 넷도 아닌 다섯
생각도 많으시겠지

법전보다 두꺼운 의지로
판례보다 깊은 집념으로
법전을 놓지 않던 규업형

하나도
둘도 셋도 넷도 아닌
다섯 자식 공무원이 되었다

법전法典을 높이 들었다

억새밭

이래봬도
뙤약볕에
자갈돌 걷어내어
적삼 적셔 가꾼 땅이지

태풍을 몇 개씩
건너왔는데
그리 쉽게 넘어지면
헛 산 것이지

한나절 바람이
출렁였다고 무너질
억새밭이 아니지

석양녘
바람결에 빛이 나는 건
키보다 깊이 뻗은
뿌리 때문이지

고백

봄이 오면
움츠려 놓았던 노래를 부르고 싶다
목이 쉬도록
소리 내어 부르고 싶다

봄이 오면
짙은 설움도 토하고 싶다
흘러서
바다에 닿을 구비진 눈물 흘리고 싶다

봄이 오면
속살 드러내고 싶다
마당 가득
봄볕에 드러내고 싶다

아, 봄이 오면
사무친 그리움 만나고 싶다

황홀한
너를 만나고 싶다.

졸업생에게 바치는 노래

불보다 가슴이 뜨거운
물보다 가슴이 먼저 끓은
서광의 벗들아
오늘 아침
네 가슴도 풍선처럼 부풀었구나
네 뜨거운 가슴에
몇 개의 소망을 새겼더냐
네가 밟고 온 발자국에
몇 장의 추억이 펄럭이더냐

생각나느냐
2016년 3월 2일 이 자리에서
두근거리는 가슴으로 입학하던 날
지금 네 모습을 보아라
당당하지 않느냐
의젓하지 않느냐
선생님들은 지금 한 명 한 명에게 큰 박수를 보내고 있단다.

참으로 아련하구나

너희들은 마법의 새 같았다
어느 날은 물로 끓다가
어느 날은 불로 타오르다
또 어느 날은 비 젖은 나비 같기도 했다
뛰고 뒹굴고 떠들다가도 종소리에 맞춰
귀 쫑긋 세워 수업에 집중할 때
가슴이 벅찼단다

사랑하는 서광의 벗들아
오늘 너희들을 이 자리에 세우기까지
하루는 벼랑 끝에 매달려 있었고
하루는 대륙을 발견한 듯
기뻐했던 선생님들
새벽잠에 언 몸 일으켜
네가 가는 길 자갈과 얼룩을 걷어 주신
부모님께 박수 한번 보내주지 않을련

사노라면 때로는 늪지대에 닿을 수도 있고
긴 터널을 지날 때도 있단다

많은 세월이 흐른 뒤
굵어진 너희 손으로
선생님의 손을 붙잡고
인생과 학문과 꿈에 대하여
이야기 하자구나

서광의 벗들아
간절히 바라노니 기억해다오
옆에 서 있는 160명의 벗들을 기억해다오
맑고 바르게, 밝고 알차게, 라는 교훈을 새긴
광주서광중학교도 기억할 일이요
너희들을 멘토로
발자국 밟고 따라오는
후배들도 기억할 일이요
너희가 부모님의 땅이며
선생님의 역사라는 사실도 기억해 다오

너희가 광주의 꿈이며
대한민국의 수목이니라
네 가슴 쭈욱 펴 해를 품어 보아라

저 큰 바다 풍랑위를 힘껏 걸어 가거라
축하한다. 사랑한다.

4부

둥근 초록을 쓰다

아라리

이 기도 들어주시면
천 개의 꿈을 버리겠습니다

이 기도 들어주시면
천 년을 헐벗어도 괜찮은 셈 치겠습니다

아리아리 아라리
아리아리 아라리.

둥근 초록을 쓰다

풋살구를 털고 말았다

마당에 널어
익혀 보아야겠다

선물

새벽보다 무거운
한숨을 앓던

내일을 뒤척이는
스물일곱

3.8kg 핏덩이에게
세상 것 다 준다는 말
허세는 아니었는데

이리저리 셈을 치니
예순 넘긴 달력만 나풀거린다

피보다 아픈
금보다 귀한

네가 내 곁에
있어주는 것

내가 네 곁에
있어주는 것.

해바라기

너만 바라보다
사슴 목이 되었다
너만 그리다
얼굴은 쟁반만큼 커졌다
너만 기다리다
육천 뼈마디가 하얗게 야위었다

나만 바라보는 네 입술에
꿀 한 모금 머금었다
나만 기다리는 네가 있어
한 눈 한 번 팔지 못했다
나만 그리는 네 눈빛에
노랗게 익어 버렸다.

깨달음

어느 날은 마음이
깊디깊은 자궁 같아서
하늘도 바다도
품어주더니

어느 날은 마음이
접시 물에 띄운
꽃잎 같아서

참새 침 튀는 소리에도
넘어지더라.

소망에 대하여

하늘은 바다의 악사

바다는 하늘의 악기

삼백예순 날 박자를 맞춰도

끝내지 못하는

노래 한 소절.

인연

1

하늘은 바다의 얼굴
바다는 하늘의 거울
하늘과 바다는 눈을 감아도
다
보고 산다

2

하늘의 높이를
바다가 알고
바다의 깊이를
하늘이 본다

하늘과 바다는
천생 뒤에 닿을 수 있다

나의 아리랑

그대 이름 불러 시를 쓰고 싶었습니다.
그러나 아직 한 편의 시도 쓰지 못했습니다.
세상의 시어가 그대만큼 아름답지 않았습니다

그대 이름 불러 노래를 부르고 싶었습니다
그러나 아직 한 곡의 노래도 부르지 못했습니다
세상의 곡조가 그대만큼 감미롭지 않았습니다

그대 이름 불러 춤을 추고 싶었습니다
그러나 아직 한 발짝도 떼지 못했습니다
세상의 춤사위가 그대만큼 부드럽지 않았습니다

그대 이름 앞에서 모든 언어는 시가 됩니다
그대 이름 앞에서 모든 곡조는 노래가 됩니다
그대 이름 앞에서 모든 몸짓은 춤이 됩니다

그대가 나의 아리랑입니다

광주 오동꽃

오동꽃도
멍든 오월

주먹 같은 설움을 삼키려다
피 멍울져
오동꽃으로 피었다

깍지발로 고개를 빼들고
징소리 같은 고함을 지르다
오동꽃으로 피었다

광주천 눈물샘이
짓무르게 통곡하다
보랏빛으로 피었다

무등산에 오동꽃
핏물 배인
광주 오월 꽃

조강지처

키 큰 옆 마을 총각
재[岾]를 넘어 다녔다
호탕한 웃음이 믿음을 더했다

스물셋 종손 며느리
얌전하고 말 수 없고 손끝이 야물어서
종가집 살림 통째로 맡았다

잦은 당직에 휴일이 없어
칡뿌리 홍삼에 인진쑥 달여
지극정성 섬긴 남편

동지간 동료들은 눈치를 챘다는데
읍내에 들락인지 석 삼 년도 넘었단다

그러고도 몇십 세월
타협한 일 없던 시간
마을 앞 정자 돌아
껀정한 키 허리 굽혀
날 저물어 찾아온 남편

하늘이 내린 조강지처(糟糠之妻).

도장을 잘 못 찍었다

내 손목에 수갑을 채워다오
손가락을 뜯어 뭉개다오 발등을 찍어 핏물 들게 해다오
쥐도 새도 모르게 망치를 쳐다오 귀신도 곡을 못하게 가려다오
치매로 넋을 가져가다오 머리를 뽑아 엮어 목을 매달아다오

도장 찍은 자 광장에 모였다
피켓은 민주주의를 펄럭이고
죄 몫을 머리띠에 묶었다
촛불을 밝혀 희망을 외쳤다

푸
른
집
구
속

우리는 모두 구속되었다.

늦조 아재

달구지 냄새가 났다 터진 바지 가랑이 사이로 붉은 속살이 삐져나왔다 모두 다 그를 늦조라고 불렀다 급한 게 없어서 늦조, 부족한 것 없어서 늦조, 욕심도 없어서 늦조, 늦조는 언제나 웃고 다닌다

서른 넘겨 늦조가 장가를 갔다 혼례청에 모인 사람들 모두 늦조가 되었다 어른들이 나서서 몇 번씩이나 절을 해 보였고, 늦조는 신부를 향해 비슷한 흉내를 내어 보였다

“일이나 제대로 치를지 모르겠구만, 그거야 다 알아서 하게 되어 있어” 돌아가는 늦조들이 밤거리 속으로 묻혀 들었다

갈수록 늦조의 행색이 반반해져 갔다 옷소매 끝에 콧물 누룽지도, 동네아이들 딱지심부름 하는 일도 사라져 갔다 늦조야 색시 이쁘니 뽀뽀는 해봤어 놀리면, 머루순 같은 웃음을 남기고 자리를 피해 버렸다

마을 샘터에 방망이질 같은 웃음소리 철버덕거렸다 늦조 색시가 달을 걸렀단다

우리는 이제 늦조를 늦조 아재라 불러 주게 되었다.

나이

친구는 꽃상여도 타지 못하고
차가운 강 위에 뿌려지고
누구는 영안실 냉동 서랍에 누워 있습니다
20년을 도란거렸던 동서는 호적을 옮겼습니다

쉰 하나에서 쉰 둘로 가는
나이

하늘이 노랗게 보이던 날도
땅이 아득하게 꺼지던 날도 있었습니다

두어번 생떼 울음 울어
시어머니의 상속을 챙기고
형제를 화덕에 넣어 놓고
곰탕도 먹었습니다

호락호락 않은
거대한 나이를 살고도

몇 살쯤
어려 보이고 싶은 것은
살아온 날이 부끄럽기 때문입니다.

숯굴댁 설화

숯 구워 사는 숯굴댁은 나이 서른 넘어 숯가마에 신랑을 묻고 그을린 새끼들 안고 흙집으로 내려왔다 닳은 고무신 뒤축에는 숯굴양반 부르는 소리 숲굴숲굴 울고 있었다

물을 길어 돌아올 때면 절반도 흘러넘친 물벼락에 무명 적삼 속 젖꼭지가 숲처럼 젖어 있었다
숯굴댁이 김매기를 나서면 아낙들은 서둘러 남편 단속들을 나섰다

풋 소문에 떨려난 숯굴댁 굴뚝에 연기가 나지 않았다

애를 밴 것 같은 보리 이삭들이 들녘에 황금의 밀어들을 속삭이며 있었다.

그 겨울의 예배당 1

친구는 예배당에 가면 삶은 계란과
팥 묻힌 인절미를 준다며 손을 끌었다
초송리 잔등 앞산 예배당의 종소리가
첫 경험이었다

크리스마스 새벽
캐롤이 뿌린 눈보라가
예수의 탄생을 시리도록
하얗게 차려냈다
기쁘다 구주오셨네
이브의 혀처럼 매끈한 찬송가가 새벽을 일으켰다
흰 눈을 삼킨 입김이 친구 집 마당에 쌓였다
아버지가 열병을 앓은 후 말을 잃었다는 친구는
아버지 몫까지 악을 써 불렀다
아버지가 벙어리라고 고백하던 날처럼
친구의 얼굴에 눈물이 떨고 있었다
눈발을 뒤집어쓴 캐롤송을 새벽바람이
삼켜버렸다.

그 겨울의 예배당 2

반달처럼 웃는 수녀님 한테는
생크림 냄새가 났다
책가방에 교과서와 교리책을 바꿔 넣었다
손거울에 묵주를 매달아 놓았다

성경책에서
곰팡이 냄새가 났다
개 멋이 들고 가슴이 부풀어 오르면서
산이 예배당 시절의
하느님과의 만남은 어설펐다

신부님의 설교에서 독한
수면제가 쏟아져 나왔다
성경말씀 속에, 찬송가 속에서도
수면제의 위세는 강력했다
할렐루야 클라이막스 고음도
눈꺼풀을 들어 올리지 못했다

예배를 알리는 종소리가 들리면

내 죄는 그때부터
책상에 이마를 찍어댔다

황토빛 내 고향

1
비가 오면 황토 흙탕물이 번질거려
구두코 광나게 폼 한 번 잡을 수 없다
남새밭도 다랑이 논도 골목길 담장도
온통 황토로 분장한 황톳빛이다
흰 적삼이라도 한번 입을라치면
개울물에 방망이로 쳐대고
화덕에 곰국처럼 삶아내도
누런 촌티를 우려내지 못하는 황토색이다

2
댓돌 마루에도 황토먼지 내려앉고
할머니 고무신과 엄마 논썹에도 황토가루 앉아
밥도 누런 황토밥, 피도 황토색, 얼굴도 황톳빛
똥도 황토색이다.

3
어쩌다 도시에 나들이 가는 날은
누런 똥개 황구가 앞장서고

황톳빛 사람들 황토색 얼굴끼리 반가운데
사투리조차 황토색이다

4
황토색 고향 사투리들
화려한 네온사인 아래 촌스럽게 두리번거리는데
서녘하늘 노을빛 물들어 오면
황토바람 황토먼지 내려 앉아
대대로 무를 쑥쑥 키워내고
어스름 더듬도록 황토밭에 뒹굴다
들어온 황토집 사람들
아들 딸 순풍순풍 잘도 낳는
내 고향 해남.

혼인하던 날

탐라국 넓은 바다 귀 기울여
물결 다독이는 아침
한라산 천지에 풍악소리 울립니다.

오늘 아침
처음 떠오르는 햇살을 걷고
새 신을 신고
첫 걸음을 띄는
신부여 신랑이여

세상 속 뒤숭숭한
파도 소리는 아직도 출렁이지만
그대는 세상을 일으키는
가장 황홀한 꽃
가장 거룩한 소식입니다

김녕 푸른 물에 멱을 감던 소녀가
탐라국 하루방에 꿈을 새기던 소년이
높고 푸른 하늘을 우러러

하나의 마음으로
하나의 사랑을
노래하는 오늘
그대는 지금
천지에 가득한 기쁨입니다

열다섯에 혼인하신
우리 할아버지의 할아버지
열일곱에 혼인하신
우리 아버지의 아버지
오늘
우리 신랑
스물넷 되는 해 혼인합니다.
앳된 신랑
걱정되고 염려되어
기쁘고 기특하여
감사하고 감격하여
젖은 손 털고서
잰 걸음 쳐 달려와 준

이 많은 하객들을 보십시오
이분들의 거룩한 기도소리
들리지 않습니까

신부여
이 땅의 여자라면 다 압니다
셋째도 아닌
넷째도 아닌
일곱째 딸 낳으시고
모래알 보다 쓴 미역국을
삼키셨을 어머니의 마음을……

신랑이여
이 땅의 아버지는 다 압니다
붕어빵 같이 빼어 닮은 아들을 안고
한라산 백록담 고지에서
두 팔을 깃발인 양 올리고서
천기가 흔들리게 외쳤던
아버지의 뜻을……
그분들을 보십시오
오늘 그대가 이토록 황홀할 수 있는 것은

긴 여름
장마와 뙤약볕을
무릎걸음으로 걸어서
어두운 겨울
한파와 폭설을
옷섶 여며 달려온
부모님이 계셨기 때문입니다.

그분들의 일기장 갈피갈피 젖었던 눈물과
옹기처럼 투박해진 손등을 잊지 마십시오
우리 모두 바라노니
이 마음 변치 마세요
이 걸음 지치지 마세요
오늘 바라보는 이 눈길 걷지 마세요
오늘 잡은 두 손 놓치 마세요
진정 바라노니
영원하세요
이 마음 영원하세요

5부

그곳에 가라

그곳에 가라

지금 막 사랑을 시작하였다면
그곳에 가라

가서
낮게 낮게 피어있는
풀꽃의 웃음소리를 들어라

지금 막 사랑을 놓아버렸다면
그곳에 가라

가서
사철 맨발로 헤매는
새들의 독경을 들어라.

고요함을 그리다

초파일이 낼 모레
불일폭포 독경소리 잠들지 않는다

청학봉에서는 이런저런
꽃들 시주를 올리고
백학봉 새들도 날갯짓이 분주하다

어쩌다 법당에 손님이 들고
오랜만에 부처님도 절을 받는다

초승달 같은 스님
지리산을 덮고
좌선 중이다

너 찬란할 때 나 처절할 때

살아가면서 마음 다스릴 일
어디 한두 가지이겠는가
상처난 자존심 주체 못할 때는
헝크러진 속 뒤척이며
밤잠을 설쳤다

주변을 둘러보아도
이것저것 헤아리니
누구 하나 마땅치 않아
그래, 내 얼굴에 침뱉기지

속 깊은 척
속 넓은 척 해 놓고
불일암에 갔다

천둥이 내리쳐도
꿈짝 않고 좌정한
그분의 무거운 입 하나 믿고
그분의 넓적한 귀 하나 믿고

상처난 마음 씻어 공양을 지어
가슴에 맺힌 말들 시주로 올렸다

암자를 휘돌아 흐르는 산골 물 따라
흘러흘러 내려왔다.

불일암 풍경

법당에
향대 하나 외롭다

불일폭포는 종일 법문을 쏟아내고
뜰 앞 평상에 번뇌가 졸고있다

백학봉에 바람 일어 솔향기 분주하고
스님 적삼깃에서 마른 연잎 소리가 난다

백팔번뇌 쓸고 닦아
핼쑥해진 염주알은 뜨거운 성찰을 꿈꾼다

불경도 기도하는 불일암*에서
가난한 무릎 꿇어 부처님 뵙기를 청해본다

* 불일암 : 지리산에 있는 쌍계사의 말사.

불일암에 가거든

불일암에 가거든 목탁소리부터 들어요
바라밀경으로 떨어지는 저
불일폭포의 목탁소리 그치질 않습니다

불일암에 가거든 합장부터 올리세요
지리산 자락 쥐락펴락 주무르는 지문 닮은
구름 떼가 합장을 하고 있습니다

불일암에 가거든 염불부터 따라 하세요
지리산에 둥지를 튼
생명들이 밤낮으로 불경을 외우고 있습니다

불일암에 가거든 향불부터 올리세요
지천에 핀 야생화 향기가
부처님 안전에 무릎 꿇고 있습니다

불일암에 가거든 촛불부터 켜세요
지리산자락 가득 채운 별빛이
부처님 미소를 비추이고 있습니다.

참새와 나뭇잎

참새가 둥지를 틀어 줄 때는
나뭇잎은 파란 꿈을 속삭입니다

참새가 먹이를 물어 올 때는
나뭇잎은 시원한 바람을 불어줍니다

참새가 사랑을 속삭일 때는
나뭇잎은 빨갛게 물이 듭니다

참새가 바람에 휘청일 때는
나뭇잎은 따뜻하게 품어줍니다

불면증

새싹들 눈 비비는 소리

참새들 세수하는 소리

꽃잎들 수다 떠는 소리

나뭇들 물 들이키는 소리
때문이었다

시 소리꽃으로 피다 1

참고
또 참다가
가슴에 쟁여 놓은 그리움 익혀서
작은 기별 띄웁니다.

큰 소리로 고백하지 않아도
익혀서 더욱 향기로운 당신을 위해
시 속살에 젖고
몸속에 들어
가슴에 지어 드리겠습니다

바람속 푸른 날갯짓으로
낙조처럼 물들이며
서걱이는 바람조차도 품고 오셔요

기도처럼 기다리며
내 속은 홍시처럼 익어 가렵니다.

* 2009.12.19. 문화예술회관 공연 초대 시

시 소리꽃으로 피다 2

아직
지지 못한 꽃잎을 핑계대고
오시는 길 망설일까
마음 붐벼 서성입니다

오셔요
웅크려 포개진 시집을
시리도록 헹구어
시 소리 꽃으로 피우렵니다.

발치께 쌓아둔
엽서에 몸살을 앓아
오시는 길 망설일까
기도처럼 깊은 눈을 감았습니다

오셔요
무릎걸음 걸어서 연지분 바르고
새순 같은 시어에 음표를 달아
하얀 이 속 드러내어

시 소리 꽃으로 피우렵니다

초겨울 바람에 옷고름 잡혀
오시는 길 망설일까
풋내 나는 향기를 풀어
크레파스 색으로 펼치렵니다.

오셔요
이슬 소리에 얼굴을 붉혀
짙은 향수 흘리지 않고
침묵으로 침묵으로 출렁이며
시 소리 꽃으로 피우렵니다.

*2010.12.12. 문화예술회관 공연 초대 시

시 소리꽃으로 피다 3

무등골 울리는 마음모아
속살 더운 소리 내어
시 소리 꽃으로 피우렵니다

등뼈 같은 시
별 좋은 동적골 마당에 펴서
훨훨훨 깃발을 날려
시 소리 꽃으로 피우렵니다

젖은 삶을 털고
잰 걸음 쳐 달려도 올
당신을 위해
시 소리 꽃으로 피우렵니다.

* 2011.12.16. 동적골 공연 초대 시

광주 제1 수원지

한 세상 흘러온
물살

저당 잡힌
수원지

무등산 보름달이
손거울로 쓰는

유배 온 물고기들
낮잠에 빠진

편백 숲에 판을 깐
백 원짜리 판에서

누군가 방금
10월 단풍을 쏟았다.

숲의 전투

동백나무 가지 위에 흰배지빠귀 딱따구리
무전을 치고

소나무 잣나무에 청솔모 도라니
순찰을 돈다

앞산 전역에 매미 부대
호르라기 소리 요란하다

소나무 꼭대기
올빼미 부부
야근하는 우리 마을 방범대

망둥어

겉보리 세 말로
전답 늘린 지어미를
무엇하고 바꿨느냐

문중전답 열 번을 쥐어 줘도
바닥 긁은 첩(妾) 살림에
얻은 것은 무엇이냐

애비 발자국
밟고 따라오는
새끼들 뉴
깊이를 들여다
보았느냐.

귀향

가난이 밀어내어
땅끝 떠난 여자

손마디 무쇠처럼 무뎌진 저녁
동굴처럼 깊은 눈매 끌고

토말*(土末)에 왔다.

* 전남 해남의 땅 끝.

피아니스트

지지리도 골진 팔자
남자 보는 눈은 박복했다
철 없는 사랑은 삼동네 화두였다
논두렁에서도 다방에서도 식당에서도
그녀의 사랑은
장소에 따라 사람에 따라
같은 듯 다른 소설이 되었다

혀를 찼던 주인공이 며느리,
시어머니는 며느리의 옷가지를 내던지며 시퍼런 독기를 마당
가득 쏟아내고 방에서 나오지 않았다

피아니스트의 결혼 생활은 한 달을 넘기지 못했다
낡은 건반 위 엘리제를 두드리는 피아니스트

바리스타

걸음걸음 난간을 밟고
벅찬 숨 몰아쉬어
새벽을 건너 왔으리

철없이 기약한 사랑으로
몸으로 달려든 그리움에
뼈 마디마디 상처가 깊었으리

이슬보다 일찍 깨어
새벽을 품고
한낮의 뙤약볕으로 구슬땀을 맺었으리

불혹 넘겨 찾아온 사랑
라떼잔에 그려 넣은 하트처럼
달달해도 좋으리

| 평설 |

바래고 삭아 내린 형형한 속살들의 풍경

- 이경은 시집 『둥근 초록을 쓰다』를 읽는 법

김 종(시인)

윌리엄 블레이크는 『천국과 지옥의 결혼』에서 "개발은 똑바른 길들을 만들지만 개발 없이 굽은 길이야말로 천재의 길들이다."라고 천명했다. 스페인의 천재 건축가 가우디도 "인간은 직선을 만들고 신은 곡선을 창조했다"고 했다. 이 들은 동일선상에서 이해할 수 있는 말들이다. 이경은의 '바래고 삭아 내린 형형한 속살'은 개발 없이 굽은 '곡선'의 길이기 때문이다.

무서운 깊이 없이 아름다운 표면은 없다

시인의 시선은 어디에 머무르는 것일까? 시인의 시선은 당초부터 개발된 똑바른 길에는 관심이 없다. 시인의 시선이 닿는 굽은 길에는 어떤 피안이 존재하는 걸까? 종교적 견지를 떠나서도 번뇌를 넘어선 '피안'이란 깨달음의 세계를 이른다. 시인은 사물을 바라보고 의미를 깨닫고 이를 넘어선 자의 이름이다. 시인의 안광에 비친 사물은 시인의 시선에 의해 재배치되고 새로운 의미를 획득한다. 그리하여 시인의 언어로 불림 받은 사물은 다시금 시인에게로 와서 꽃이 되고 새가 되고 하늘이 되고 인간이 되는 것이다.

이경은 시인의 시선은 낡고 색이 바랜 풍경들에 머문다. 그리고 시인의 부름을 받고 시적 언어로 재배치된 '낡고 색이 바랜' 풍경들은 오랜 손때 묻은 할머니의 툇마루처럼 형형한 생의 빛을 뿜어낸다. 뿌리 깊은 시간은 심한 가뭄에도 마르지 않고 거센 태풍에도 흔들리지 않는다. 낡고 색이 바랜 풍경들은 뿌리 깊은 시간들의 표면인 때문이다. "무서운 깊이 없이 아름다운 표면은 존재하지 않는다."는 니체의 말처럼 뿌리 깊은 시간에 재탄생된 사물들은 시인의 시선을 만나 멀리 깊게 물결쳐간다. 시인의 시선에 포착된 사물은 비로소 의미의 둥지를 짓고 아름다운 표정들로 다시 태어나는 것.

이경은 시인의 시선으로 건져 올린 사물들의 표면들에 진입하면서 필자가 아는 '이경은' 시인을 펼쳐봐야겠다. 사과나무에 사과가 열리고 감나무에 감이 열리는 것처럼 이경은 나무에는 '이경은'이라는 열매가 열리는 것은 자연스럽다. 이경은은 시인에 오기까지 괄목상대한 시낭송가였다. 이경은 시인이 무대에 서면 바다 같은 무대가 파도치던 것을 필자는 한 사람의 청중으로 또렷하게 기억하고 있다. 그가 보인 낭송분야의 거인성은 참으로 대단했었다. 당시는 시낭송 문화가 지금처럼 활발하지 않은 때였음에도 낭송가로서 이경은 시인은 수년 동안 광주문예회관의 무대를 종횡무진 휘감으며 파천황의 시낭송을 펼쳤던 것이다.

한 사람의 시인이 태어나기 위해서는 전환점 같은 여러 굽이의 곡조와 기후조건과 공력이 필요하다. 이경은 시인은 한 번 꽂힌 일이면 활화산처럼 분출하는 열정의 주체인 듯하고 그가 시단에 입문한 사실에서 어떤 시를 창작할 것인지가 자못 궁금했다. 그 자리에서 스쳐간 생각의 하나는 사람은 타고나든 만들어지든 사람됨의 크기가 전제되어 있다는 생각이고 그 만큼을 채우기 위해서 그가 기울인 노력이나 노심초사의 결과물은 그의 헌신에 비례한다는 사실이다. 하나를 보면 열을 안다는 말처럼 이경은 시인이 시낭송에 헌신하는 모습에서 시창작자의 결과 또한 뜨거우리라는 것은 자명하다.

언어에 관한 한 시인은 절대적 사용자다. 시인이 관찰한 사물을 노래의 형태로 바꾸어내는 데는 어디까지나 '언어'가 있기에 가능하다. 필자는 언어를 통한 시인의 존재적 위의(威儀)를 조물주와 동렬로 언급한 바 있다. 시인의 가슴과 머리에서 생산된 생각들은 언어가 없이는 수렴할 방법이 없다는 의미에서다. "나에게 지렛대와 받침대를 다오. 그러면 지구도 들어 올리겠다."는 아르키메데스처럼 시인에게 언어를 제공하면 그때부터 시인은 무소불위, 능소능대의 존재가 된다는 것, 재언할 필요가 없겠다.

시인의 언어, 의미 이전에 존재하는 것

그리 보면 시인의 언어만큼 천변만화한 그릇이 또 있을까. 이경은 시인의 평설을 쓰는 시간에 새삼 떠올린 생각이다. 언어라는 생물(生物)은 발명도 발견도 인간의 몫이지만 그것의 사용자 또한 인간인 것은 지상적 지존이 인간이라는 말에 다름 아니다. 넓게 보면 다른 동물도 그들만의 언어가 있다지만 오늘의 우리의 관심사는 인간의 언어, 그것을 뛰어넘는 시인의 언어에 대해서다. 언어가 없었다면 인간은 세상이라는 벽을 더듬거리며 얼마나 깜깜이의 세월을 청맹과니처럼 지내야 했을까. "시는 무엇을 의미한 것이 아니라 다만 존재할 뿐이다."라고 한 아치볼드 맥클리쉬에 기대며 이경은의 언어를 살피는 행복감이 삼사월 양광처럼 번져오는 시간이다. 더불어 소망하기로 결과 된 이경은의 시낭송가로서의 파천황이 시인의 영역에서도 재연되기를 소망하는 필자에게 오늘의 작품집 상재가 특별한 의미로 다가오는 이유이다.

낡은 갈퀴 같은 손등에
소설 몇 편을 올려놓았다

짧고 뭉뚝한 손가락과 넓적한 손등은
머슴을 닮았다
물 젖은 나무로 불을 피우던
새벽 물로 밥을 짓던
어둠보다 깊은 책장을 넘기던

매니큐어를 입히면 주눅이 드는 손
영양크림 수분크림 다독이면
속옷 벗은 정맥들이 줄지어 선다

삐비꽃 살결을 흔들던 손등에
천 개의 꿈이 깃든 적이 있다

백석의 시로 머리를 헹구던,
더듬거리는 펜으로 시인을 앓았던 손

천 번의 악수
천 번의 박수
천 번의 실수와 천 번의 삿대질로

굳은살 입은 엄지의 바지 끝에
뭉개진 검지의 치마 속에서
숨겨진 꿈의 기록을 보았다.

-「손의 역사」

손의 역사는 그 손을 소유한 사람의 역사일 터이다. 시간이 일단 행동에 옮겨지면 그 모두는 손의 역할에서 점유되기 십상이다. 사람이 두 발 대신 손을 소유함으로 다른 동물과 차별성을 갖는 것은 그 설명이 새삼스럽다. 그런 때문인가. 손등이 갈퀴처럼 낡아갈 무렵이면 어느 누구이건 "소설 몇 편을 올려 놓"을 만큼의 시간이 켜켜이 쌓여간다고 했다. 특별히 귀한 신분이면 모를까 여느 사람이면 손가락과 넓적한 손등은 시간을 따라 짧고 뭉뚝해져 머슴을 닮아갈 것이고 그 손이 불을 피우고 밥을 짓고 책장을 넘기면서 세월을 보낸 자리마다 '매니큐어를 입히'거나 "영양크림 수분크림 다독이면" 선명한 생의 정맥들이 줄지어 서는 것은 호사라기보다는 일상이라는 말이 보다 합당할 것이다. '삐비꽃 살결을 흔들'듯 백석의 시로 머리를 헹구면서 "더듬거리는 펜으로 시인을 앓았던 손"의 역사는 그 손을 소유한 천 번의 악수와 천 번의 박수 천 번의 실수와 천 번의 삿대질로 손의 세월을 헤아리는 일에 다름 아니었다.

손의 직접적 의미는 뭇 동물과의 관계에서 독보성을 확립한 인간만의 유일무이한 수단이라는 사실이다. '손의 역사'에서 "삐비꽃 살결을 흔들던 손등에/천 개의 꿈이 깃든 적이 있다"면 손은 인간에게 '꿈의 기록'에 나아간 또 다른 의미적 존재는 아니었을까. 손에 덧씌워진 인간의 시간은 "짧고 뭉뚝한 손가락과 넓적한 손등"이 존재하고 "굳은살 입은 엄지의 바지 끝"에서 "뭉개진 검지의 치마 속"을 들추고야 마는 숨겨진 꿈의 기록을 헤아리는 일이었다. 손이 제 몸에 화석처럼 각인된 소설 몇 권을 읽어내는 시인의 시선과 언어가 그 시간만큼이나 깊다.

형제자매 편안해서
느긋하다 했던 말이
이러쿵저러쿵 돌고 돌아
불편함이 한 지게라

직장동료 이해하려
쉽게 가자 했던 말이
이런저런 말이 섞여
오해가 한 섬이라

안창살 깊은 곳에
네 사정
내 사정
돌무덤이 첩첩이라

철없는 애기며느리꽃, 한 성깔 개모시꽃, 애교 많은
채송화, 부지런한 나팔꽃, 속 깊은 비올라, 가시 많고
털 많은 송장꽃 앞에 놓고 주먹질에 삿대질로 핏대
세워 꺾어대도

불편한 일 없더라

오해할 일 없더라
속이 트여 시원터라
-「꽃밭에서」

「꽃밭에서」는 '불편함이 한 지게'이고 '오해가 한 섬'이라는 사는 일의 첩첩함이 '돌무덤'이어도 불편한 일도 오해할 일도 '속이 트여 시원터라'는 화자의 독백은 생의 달관에 닿아있다. 이 작품은 문면의 의미만으로는 시인의 시적 의도에 도달할 수가 없으며 이 시가 제공한 주제적 진실에 다가설 수 없음도 자명하다. 요컨대 사는 일은 나름의 사연과 굽이를 동반할 터이다. 그리고 그 모두가 사람의 일이고 사람이 꽃밭이라는 의미이기도 한다.

지리산 숨소리에서 발견한 새벽안개를

직장동료를 이해하기 위해 쉽게 가자한 말이 뜻하지 않게 섞여버린 이런 저런 오해가 한 섬이라든지 안창살(소의 가로막 부위에 있는 살) 깊은 곳에 네 사정 내 사정을 쌓다보니 돌무덤이 첩첩하다며 그래서 등장한 철없다느니 애교 많다느니 부지런하다느니 가시 많고 털 많다느니… 등등은 꽃들의 개성을 한 굽이에 접어놓은 생각이고 세상이 그러거나 말거나 꽃들은 "불편한 일"도 "오해할 일"도 없겠고 그래서 "속이 트여 시원터라"는 비유에서 시인의 심중이 바로 꽃밭임을 본다. 이 역시 생의 달관에 이른 시인의 시선이기는 마찬가지이겠다.

꽃도 가꾸지 마라
꽃길은 내가 놓아줄게
아침에는 해바라기를 피우고
저녁상에 감꽃을 차리자
더우면 화채에 밥을 말고
눈이 오면 촛불 밝혀 곱게곱게 바라보자

장미넝쿨 올릴
주춧돌을 놓았다
넉넉잡아 삼 년을 바랐는데
삼 년씩 열 번을 넘어
닥쳐오는 태풍과 가뭄 앞에서
아직도 우리가
무너지지 않은 것은

복사꽃을 보러 가자
손가락을 걸었기 때문이다

날 저물어
한 지붕 밑으로 돌아온 것은
빈터에 세운 약속의

자물쇠를 지켜야 하기 때문이다.

-「약속」

가꾸지 말라는 꽃과 감꽃을 차려내라는 저녁상, "더우면 화채에 밥을 말고" 눈이 오면 촛불 밝혀 곱게 곱게 바라보라는 풍경을 향한 화자의 권유가 작품 「약속」을 채우고 있다. 날 저문 시간이면 화자는 '빈터에 세운' 약속의 자물쇠를 기억한다고 했다. 여기에서 '약속'의 자물쇠란 그만큼 굳건한 약속이라는 의미이겠고 이미 내가 놓아 주겠다 다짐한 꽃길로 하여 꽃도 가꾸지 말라 하였고 해바라기와 감꽃을 피우거나 상 차리라는, 그래서 화채에 밥을 말고 눈 오는 광경은 촛불 밝혀서라도 곱게 곱게 바라보라는 당부까지를 읽어 가면 시인이 노래한 약속의 의미는 우리 곁에 다가온 다정한 이웃이다.

삼 년씩 열 번을 넘었다면 삼십년의 세월인데 이 세월에 닥쳐온 태풍과 가뭄앞에서도 "아직도 우리가/무너지지 않은 것은" 그만큼 약속이 견결하다는 의미에 다름 아니겠고 "날 저물어/한 지붕 밑으로 돌아온" 일이 복사꽃 보러가자 손가락 걸었기 때문이라는 시적 화자에게서 약속에의 견결함을 암유적 형태로 읽어낼 수 있었다. '이제는 돌아와 거울 앞에 선 누님'처럼 시적 화자는 삼십년의 세월을 견디고 이겨낸 약속의 절절함을 간절하게 펼쳐내고 있다.

백양사 가인마을

비자나무 숲길을 따라
눈도 입도 푸르게 청류암에 갔다
갓 태어난 아기단풍 바람을 먹고
까치밥이 익고 있었다
새들이 얼굴 씻고
깃털 헹군 장군샘물로
밥 짓고 차를 우린다

대웅전 아래 백일홍 나무 밑
돌방석에 누워
사흘을 퍼마셔도 줄지 않은 바람이 산다

색불이공 공불이색 색즉시공 공즉시색
스님의 염불은 산속 생명들 몫이다

오라 가라 말이 없고
하라마라 주문이 없다

늦바람 무섭다는데
바람 맛에 들렸다.

-「바람 맛이 들었다」

"백양사 가인마을/비자나무 숲길을 따라/눈도 입도 푸르게 청류암에" 가서 들어버렸다는 시인이 말하는 '바람 맛'은 어떤 것이었을까. 갓 태어난 아기단풍이 바람을 먹고 그래서 까치밥이 익었다는 것에서 얼굴 씻고 깃털을 헹군 새들의 장군샘물로 밥을 짓고 차를 우려 "사흘을 퍼마셔도 줄지 않은 바람이 산다"면 어떤 느낌일까. 설의設疑적 흐름을 따라 "대웅전 아래 백일홍 나무 밑/돌방석에 누워" "색불이공…"을 외워가는 스님의 염불은 산속 생명들을 향한 응원이고 그럼에도 오라 가라는 말이 없고 하라마라 주문도 없는 바로 그 대목에서 무섭다는 늦바람 맛이 들기에 이르렀음이다. 여기에서 '바람 맛'은 달관 뒤에 다다른 생의 깨우침일 것이다. 통상적으로 '맛이 들었다'는 말은 익어서 제 맛이 생긴다는 의미이고 좋아지거나 즐기다가 흥미를 가지고 좋아지게 되다 등등에 나아간 말이고 여기에다 바람 맛이 들어버렸다니 멋지도다! 과시 시인이 아니면 이 같이 넘실거리게 풋풋하고 싱그러운 서정성이 가능할까!

바람은 그 자체로 우주를 채운 생명력을 의미한다. 아기단풍의 바람을 먹고 익고 하는 사이, 까치밥이나 사흘을 퍼마셔도 줄지 않는 바람이나 뭇 생명들을 불러들이는 염불소리로 오라 가라 하라마라 주문이 없었다고 하였다. 여기에다 그리도 무섭다는 늦바람에 붙들려 살아가는 일은 생각만으로도 아리아리하다. 확실히 비자나무 숲길을 따라 눈도 입도 푸르게 찾아 나선 청류암에서의 늦바람은 '색'과 '공'의 세계를 아우른 시인의 시적 염원이었을 것이다.

1

얼마만큼 높아야 고요할 수 있을까요

얼마만큼 깊어야 잔잔할 수 있을까요
얼마만큼 무릎을 꿇어야 외롭지 않을까요

2
새벽안개를 일으키는
지리산의 숨소리가 차갑습니다
도량을 깨우는 스님의 목탁소리
산등선을 넘습니다

3
옹이진 무릎으로 향을 올리는 막달 보살도
강원도 총각의 반야심경도
구석진 곳 쓸고 닦는 서울 처사도
산나물 헹구는 공양주의 손놀림도 외롭습니다.

4
바람의 손등이 주름져 있습니다
구름의 낯빛이 한가합니다
웃음 띤 연우카페 보살도
다 잡은 듯 놓친 듯
눈빛 촉촉한 지운 보살도
아이 둘을 키우며 불경(佛經)이 된 금광처사도
스님의 예불 소리에 고요해 졌나 봅니다

-「고요한 사람들」

제목에서 읽은 「고요한 사람들」이 의미하는 것은 무엇일까? 고요함에 이르기까지 우리들이 마주친 헤아릴 수 없을 만큼의 높고 깊고 무릎 꿇는 여러 자리에는 고요하고 잔잔하고 외롭지 않으려 번져온 여러 굽이의 간절함을 만날 수 있다. 새벽안개의 숨소리로 일으킨 지리산과 스님의 목탁소리와 향을 올리는 막달보살과 강원도 총각의 반야심경과 산나물을 헹구는 공양주의 손놀림은 두루 이경은 시인이 의도한 '고요함'의 여러 의미적 풍경은 아니었을까.

지리산의 숨소리에서 새벽안개를 발견한 시인의 눈은 참으로 청랑하다. 도량을 깨우고 산등선을 넘어온 스님의 목탁소리 또한 명징하고 멀리까지 관조한 세상의 울림 또한 깊숙하다. 무릎 꿇고 향 올리는 보살의 모습을 상상해 보라. 범속을 벗어버린 얼마나 곡진한 광경인가. 반야심경을 외우는 강원도 총각이나 구석진 곳을 쓸고 닦는 서울 처사, 산나물 헹구는 공양주의 손놀림 등에서는 세상을 공들여 살아가는 사람들의 견결함이 읽힌다.

'나의 손을 잡았'을 때 번져온 눈빛과 체온들

이 사람들의 일상은 한결같이 주름지고 한결같이 고요하다. 그뿐인가. 바람의 주름진 손등이 구름의 낯빛이고 생이 한가한 시간에 '웃음 띤 연우카페 보살'과 눈빛 촉촉한 지운 보살, 아이 둘을 키우며 아예 불경이 된 금광처사! 이들은 하나같이 정점에 다다른 생의 고요함에 닿아있다. 세상을 거느리고 다스리는 율법의 힘은 어디에서 나오는가. 그것은 더도 덜도 아닌 고요함에 근거한다. 이 작품에서 우리는 자연에서 사람으로 넘어오는 제반 현상들이 '고요함'에서 빚어진 인간 세상의 여러 몸짓임을 스미도록 접한다.

풀어야 할 속 이야기가 있을 때
우슬재를 넘었다
늦가을 갈참나뭇잎 소리 내는
당신 손을 잡았을 때
아무 일 없느냐 물으시는 순간
자궁 속에서 올라오는
뜨거운 불덩이를 힘주어 삼키며
일은 무슨 일 아무 일 없다 해놓고
우슬재를 넘어오다
옥천 골 겨울 벌판을 향해
목에 걸린 불덩
쏟아내었다

살아가는 일이
산 넘고 물 건너
긴 늪을 지나야 평야에 닿는 일이라
막막하고 답답할 때
우슬재를 넘어갔다

황토밭 양지쪽 한 평 땅
당신 등에 기대어 산 도적 이야기
독뱀 이야기
낙타 바늘귀 지나온 이야기,
봄날 필 꽃 이야기도 잔에 채워 올렸다

흉도 허물도 부족함도 부끄러움도
당신 앞에 풀어 놓으면
꼬막껍질 하나도 채우지 못한 일

우슬재 터널 속을 쌩쌩 달려 나왔다

*우슬재 : 전남 해남의 관문 (소가 무릎을 꿇고 있는 형상. 지금은 터널이 뚫렸음).

-「우슬재*를 넘다」

짐짓 아무 일 없는 척 "자궁 속에서 올라오는/뜨거운 불덩이를 힘주어 삼키"는 시인은 태연하면서도 비장하다. 전제하기로 시인에겐 '풀어야 할 속 이야기가 있'었다. 그리고 '나의 손을 잡았'을 때 번져온 체온으로 하여 아무 일 없노라고 안부를 보냈던 것이다.

시인에게 우슬재를 넘는 일은 뜨거운 불덩이를 삼키거나 '목에 걸린 불덩이를 쏟아'내는 일에 다름 아니었다. 삼키거나 쏟아내는 일은 적어도 이 같은 행위에 다다른 여러 굽이와 곡절이 있었을 것이다. 그에 따른 한 비유가 "산 넘고 물 건너/긴 늪을 지나야 평야에 닿"기 위한 생의 과정이 우슬재를 넘는 일은 아니었을까. 대저 사는 일이란 우슬재에 김 서린 여러 이야기들- '산 도적 이야기'이거나 '독뱀 이야기' 이거나 '낙타 바늘귀 지나온 이야기'-에 다름 아니겠고 봄날 황토밭 양지쪽에 피어 날 꽃 이야기들을 잔에 담아 올리고 싶은 간절함이었을지 모른다. 어느 의미에서 사는 일은 사방이 막힌 채로 '막막하고 답답'하기 십상이다. 각주(脚註)에도 읽히지만 우슬재는 '해남'으로 가는 관문인데 소가 무릎을 꿇는 듯한 형국에서 붙여진 이름이라고 한다. 시인 또한 자신이 버티고 선 세상에 대해 부지불식간에라도 소의 무릎처럼 든든하기를 소망하였을 듯도 싶다.

우슬재를 넘는 일에서 '당신'은 여러 '고백'들을 풀어놓고 수렴하는 존재로 드러난다. 그리고 "흉도 허물도 부족함도 부끄러움도" 당신 앞에 풀어놓을 수 있는 상대란 과연 누구일까를 궁금하게 한다. 기독교에서 이야기하는 오만가지 진리를 끌러놓은 참회의 보따리에는 눈물 흘리며 매달린 시적 화자의 가슴 절절한 모습들이 스며있어 "꼬막껍질 하나도 채우지 못"했다는 존재적 겸손을 읽게 한다.

아름다운 것이 무엇인지
보내야 하는 것이 무엇인지
단풍이 깊어지면 가을이 보입니다

아름답기 위해서
멍이 들기도 한다는 사실을

새끼 둘을 길러내고
뼈마디마다 숨소리 들립니다

검버섯 물들던 부모도
새파랗게 푸르던 형제도
낙엽 날리듯 떠나갔습니다

추수를 들이는데 헐렁한 수레에
세월이 쌓였습니다

내 가을도
혼자서 깊어가나 봅니다.
-「깊은 가을」

생의 가을을 살아가면서 자신도 모르게 깊어진 세월의 여울목에 아름다운 것과 보내야 하는 것 사이의 물길처럼 단풍을 흘려보내며 가을을 깨닫는 시인의 모습이 결곡하다. 이쯤에 와서 그 모습을 보인 연유는 무엇일까. 아름답기 위해서는 멍이 들기도 한다는 사실이 새삼 크게 다가오기도 했었다. 어디 그 뿐인가. 새끼 둘을 길러내고 뼈마디마다 숨소리가 들린다는 세월, 부모는 검버섯에 물들고 새파랗게 푸른 형제였지만 결국엔 낙엽 날리듯 떠나갔고 "추수를 들이는 헐렁한 수레"는 다름 아닌 생존의 수레로 돌아왔었다.

사는 일은 이렇듯 갈피갈피 이야기가 쌓이고 그 세월 또한 한마당 가득 노적가리 쌓는 일이 아니던가. 생의 세월에는 항시 공전과 자전이 함께 할 터, 이 대목 저 대목을 회전한 공전의 여울목을 건너 침잠하듯 자전의 여울로 흐르면서 작품은 마무리에 든다. '내 가을'은 나만의 세월이다. 그리고 중얼거리듯 "혼자서 깊어가나" 보다고 한 대목에서 형언할 수 없는 회한이 읽히는 것은 필자만의 느낌일까. 잠시 쉬어가는 세월에 생의 무상함을 새삼 돌이키게 하는 대목이다. 우리 부모세대는 자식 일곱 여덟은 거뜬하게 길렀는데 우리 대에 서는 생활은 많이 나아졌다는데 자식 하나 둘 기르기도 왜 이리 힘이 들고 숨이 차는지. 우리 세대가 살아가는 일은 그만큼 허약하다는 의미인가. 「깊은 가을」은 아름다운 것도, 보내야 하는 것도 모두가 엄연한 '시간'이고 하늘 보며 한번쯤의 심호흡을 들이키는 '시간'은 아니었을까.

이래봬도
뙤약볕에
자갈돌 걷어내어
적삼 적셔 가꾼 땅이지

태풍을 몇 번씩

건너왔는데
그리 쉽게 넘어지면
헛산 것이지

한나절 바람이
출렁였다고 무너질
억새밭이 아니지

석양녘
바람결에 빛이 나는 건
키보다 깊이 뻗은
뿌리 때문이지

-「억새밭」

구슬땀으로 적삼을 적셔가며 자갈밭을 개간하던 시절이 있었다. 위의 시 「억새밭」은 그 시절의 그 같은 광경이 스스럼없이 읽힌다. 이어지는 둘째 연은 몇 번씩의 태풍을 넘어 다녔다고 억새가 뽑히거나 넘어지는 것은 아니라는 것이고 그래서 바다처럼 펼쳐진 은발의 억새는 아름다운 황혼을 연출할 수 있었다. 뽑힐 듯이 휘어지면서 거센 바람을 거뜬히 넘겨버리는 억새의 강인함을 보노라면 만물의 영장이라는 인간도 난세를 어찌 살아야할 것인가의 지혜가 보인다.

바람이 한나절을 출렁였다고 무너질 억새밭이 아니라는 대목에서 넘어질 듯 넘어지지 않는 억새는 그만큼 시련에 강한 생명력을 가르치고 있다. 은발의 억새는 바람 부는 석양녘이면 그 아름다움 또한 그 같다는 의미일 듯도 하다. 이는 억새가 땅에서 싹트고 자랐다는 의미일 수도 있겠고 개화시기가 줄잡아 한두 달은 거뜬하여 남녘땅이 온통 볼거리로 북적인다는 의미이기도 하겠다.

끝내지 못한 노래 한 소절의 여운

광주를 지키는 무등산과 영산강이 지나는 남녘땅은 억새가 바다처럼 펼쳐진 복락의 고을이다. 아예 억새의 왕국이라 하여도 좋을 듯싶고 그래서 구시월 이후의 남도의 산하를 찾아온 사람들에게 장갑 낀 하얀 손으로 시그널을 보내는 억새들의 굿놀이판이 볼만하다. 때문에 지구촌의 청춘남녀들을 불러들이는 그럴듯한 스토리텔링을 서둘러야 할 때이고 그것으로 거대 축제를 열어 보이는 일은 어떨까. 인생의 파란만상을 억새에 비유한 이경은 시인의 「억새밭」은 한 순간 한 순간이 생의 풍경의 연출일 수도 있겠다.

> 어느 날은 마음이
> 깊디깊은 자궁 같아서
> 하늘도 바다도
> 품어주더니

어느 날은 마음이
접시 물에 띄운
꽃잎 같아서

참새 침 튀는 소리에도
넘어지더라.
-「깨달음」

대저 짚어낼 수 없는 것이 깨우침에 다다른 '마음'의 세계이다. 마음은 '깊디 깊은 자궁 같아서' 하늘도 바다도 품을 만큼 우주를 분만한 모성적 존재가 마땅한 해석일 것이다. 깨달음은 마음에서 얻어지는 것이고 변화된 마음의 상태를 이르는 말이다. 어느 날의 마음은 "접시 물에 띄운/꽃잎 같아서" 참새 침 튀는 미세한 소리에도 넘어지더라는 대목까지를 읽어 가면 그 '마음'의 세계란 게 도대체 어떤 모습으로 파문 지는가를 민감한 느낌으로 헤아리게 된다.

그런 의미에서 깨달음이란 도시 종잡을 수 없는 심적 세계이기도 하다. 그렇지만 그 크기와 질량 또한 가늠하기 어렵다는 게 시인이 독자에게 내보인 '깨달음'의 한 모습은 아닐까. '깨달음'이란 "생각하고 궁리하다 알게 되는 것"을 이름인데 이경은 시인이 도달한 깨달음에는 자궁 같은 깊숙한 마음이 있어서 하늘도 바다도 품어줄 만큼 드넓게 위치하더라는 것. 그러던 마음이 접시 물에 띄운 꽃잎으로 이동했으니 대저 마음의 세계란 게 종잡을 수 없이 변화무쌍하다는 걸 어느 날 돈오의 형태로 깨닫고 있다. 헤아릴 수 없다가도 미세한 형상으로 다가온 마음의 정체를 깨우침의 언어로 표현한 이경은 시인의 마음의 광장에는 맘먹기에 따라 자유자재한 깨달음의 크기가 받아들일 수 있는 크기라는 의미는 아니었을까.

하늘은 바다의 악사

바다는 하늘의 악기

삼백예순날 박자를 맞춰도

끝내지 못하는

노래 한 소절.

-「소망에 대하여」

이경은 시인이 노래하는 '소망'은 어떤 모습이어야 할까. 「소망에 대하여」를 대하면서 하늘과 바다는 그 광활함에다 '삼백예순날'을 박자 맞추는 요원함으로 펼쳐진다. 궁극적으로 시인은 "끝내지 못하는/노래 한 소절"이 있었다고 하였으니 느낌의 안개만 자욱할 뿐이다. 이 노래에 오기까지 하늘과 바다를 위치 바꾸는 매개물은 다름 아닌 '악사'와 '악기'였고 이를 치환한 삼백예순날의 박자는 일 년 열두 달을 이어간 노래 한 소절의 여운임은 끝내지 못한 미련처럼 마무리할 수 있겠다.

길이는 짧지만 작품의 분위기는 대자연에 기반한 낭만성이 두루 묘망(渺茫)한 크기로 넘실거리고 있다. 여기에 한 마디 보태자면 인간의 욕심이 끝이 없다는 것은 아포리즘적 깨우침이겠고 화자의 소망 또한 그 끝이 욕심에 닿아 있어 소망을 이룬다는 것은 일 년 365일을 출렁여도 끝내지 못하는 노래 한 소절에 불과하다는 것이다. 이 같은 시인의 언어는 시집 전편에 일렁이는 시인의 달관한 삶의 입지를 여실하게 보여준다.

내 손목에 수갑을 채워다오
손가락을 뜯어 뭉개다오 발등을 찍어 핏물 들게 해다오
쥐도 새도 모르게 망치를 쳐다오 귀신도 곡을 못하게
가려다오 치매로 넋을 가져가다오 머리를 뽑아 엮어
목을 매달아다오

도장 찍은 자 광장에 모였다
피켓은 민주주의를 펄럭이고
죄 몫을 머리띠에 묶었다
촛불을 밝혀 희망을 외쳤다

푸
른

집
구
속

우리는 모두 구속되었다.
-「도장을 잘 못 찍었다」

언제부턴가 우리는 내 손으로 만든 세상이 못마땅하여 원망하는 의미의 목소리를 높이곤 했었다. 내 의지로 세상을 바꿀 수 없을 때가 특히 그러했는데 그럴 때마다“내 손목에 수갑을 채워”달라고 사뭇 위압적인 어조를 쏟아냈던 것이다. 「도장을 잘 못 찍었다」는 제목은 정치적인 구호처럼 읽히지만 이보다 강한 톤으로 읽어야 할 것인가는 내내 관심거리다.

이를 놓고 세심하게 읽어 가면 도장을 찍은 자들이 모인 광장에서 피켓을 들어 민주주의를 펄럭이건만 그러다가 죄를 머리띠에 묶어 소리돌림을 해야 할지 몰라 “푸/른/집/구/속”이라고? 저마다의 희망처럼 외치곤 했었다. 그러면서 결론에 이르러 “우리는 모두 구속되었다.”는 구호적인 사실만 남긴 채였다. 작품의 평면적 전개는 이쯤에서 일단락되지만 이어지는 메시지는 손가락을 뜯어 뭉개서라도 발등을 찍어 핏물이 들더라도 쥐도 새도 모르게 망치를 치고 귀신도 곡을 하고 머리를 뽑아 목을 매달아 달라고 애원하는 것이다. 작품에서 말하는 ‘구속’의 의미 또한 자못 반어적이다.

우리는 모두 '생'이라는 감옥에 수감되어 있지만 그럼에도 "수갑을 채워다오"라고 스스로 발언하는 것처럼 스스로를 그 감옥에 가두고 있는 것이다. 내 의지로 나를 학대하고 괴롭혀달라고 하면서도(그것은 삶이 아무리 힘들지라도 죄의 머리띠를 묶고 민주주의의 피켓을 들고 아수라장 같은 삶의 판에서 피터지게 싸울지라도) 그 감옥에서 벗어날 생각은 추호도 없었음을 의미한다. 인간의 삶에 대한 욕망은 어쩔 수 없이 '개똥밭에 굴러도 이승이 좋다.'는 속담에 속할 수밖에 없음을 시인하고 있다. 그래서 "우리는 모두 구속되었다"는 시인의 반어법적인 선언은 치열한 삶의 광장, 즉 삶에로의 의지를 촛불로 밝혀 '삶'이라는 아름다운 구속에 대한 희망을 역설적으로 외치는 것이다.

> 1
> 시집올 때 친정에서 마련해 온 혼수 중 아끼는 물건이 있다. 베이지색 공단 이불 세트다. 촉감이 부드러운 공단에 목단꽃과 노란나비 백 마리가 수 놓여 있고 화사한 레이스가 달려있다. 베개 양쪽에는 두 마리 나비가 작은 목단 꽃을 사이에 두고 다정하게 날고 있다. 침대 위에 나란히 놓고 살결보다 보드라운 공단 이불을 펴면, 백 마리의 나비가 침실을 가득 채웠다. 신혼의 나는 나비가 되었다가 목단꽃이 되기도 했다.
>
> 2
> 첫 아이가 태어나고, 베갯잇 레이스에 실밥이 터지고

나비 날개에 상처가 나고 목단 꽃잎은 시들어 보푸라기가 났다. 나비는 침실을 날지 않았고, 목단꽃 향기도 피워내지 못했다. 베개 중앙은 누렇게 색이 바랬고 속살이 부끄럽게 비어져 나왔다.

3
포플린에 핑크색과 흰색 체크무늬를 베개 덮개로 바꿔 끼웠다. 버리기가 섭섭하여 덧 씌워 보았다. 공단 베갯잇처럼 보드랍지는 않았지만 단단하고 깔끔했다.

4
포플린 베개 덮개도 실밥이 뜯기고 색이 바랬다. 그 위에 들꽃이 한 송이 수놓인 투박하고 견고한 무명 덮개가 씌워졌다. 살가운 부드러움과 향기는 없어도 빨면 빨수록 희고 고운 빛을 내었다.

5
두 아이가 자라면서 들꽃도 낡고 색이 바랬다. 공단 속옷에 포플린 속옷에 무명옷으로 무장한 베개는 삭아 내리고 굳어가는 제 속살을 보이려 하지 않았다.

6
베갯속 풍경과 함께 내 삶의 풍경도 여러 벌의 옷을 바꿔 입었다.

-「베갯속 풍경」

'베갯머리 송사'라는 말이 있다. 잠자리에 든 부부란 그만큼 가깝다는 의미이고 오만가지 일을 한자리에서 의논한다는 의미이기도 하다. 「베갯속 풍경」을 대하는 첫 느낌은 바로 베갯머리 송사였다. 한 여인의 아기자기하면서도 자별한 생애적 풍경이 강물처럼 읽히는 작품이 「베갯속 풍경」이다.

세월은 흐르고 이내 바뀌는가 싶은 세상도 여전히 우리의 전통적 풍경이고 스스럼없이 젖어드는 한 시절의 스토리임을 특별한 심정으로 읽어가게 한다. 「베갯속 풍경」은 "베갯속 풍경과 함께 내 삶의 풍경도 여러 벌의 옷을 바꿔 입"은 이경은 시인의 세월을 고스란히 그려내고 있다.

이 세월에는 아끼는 혼수 중에 "촉감이 부드러운 공단에다 목단꽃과 노란나비 백 마리가 수 놓여 있었고 화사한 레이스가 달"린 '베이지색 공단 이불 세트'도 있었는데 여기에 백 마리 나비가 점령하듯 가득 메운 침실에 시인 또한 나비도 되고 목단꽃도 되었던 시절은 다름 아닌 신혼 무렵이었다. 그러다가 첫아이가 태어나고 레이스 실밥이 터지고 나비 날개에도 상처가 나고 시든 꽃잎에 보풀이 나는 등 색이 바랜 세월을 보내야 했고 다시금 덧씌운 베개덮개로 단단하고 깔끔하게 바뀌곤 했었던 것. 여전히 세월이 가면 실밥도 뜯기고 색도 바래기 마련이지만 씌워진 무명덮개가 "빨면 빨수록 희고 고운 빛을 내었"었고 그러는 사이에 두 아이도 자랐고 "포플린 속옷에 무명옷으로 무장한 베개는 삭아 내리"는 세월이

증거로 남았다.

삭아 내린 속살에서 우러난 생의 축제

바로 그 세월에 "살가운 부드러움과 향기는 빨면 빨수록 희고 고운 빛을" 냈었다고 했다. 필자는 이 부분에서 이경은 시인의 결곡한 지난 시간을 가감 없이 읽고 있다. 이경은 시인은 그만큼 자신의 주변을 단속하고 단속하면서 살았음을 시작품에 담아낸 것이다. 작품에서 살핀 이경은 시인의 생활 속의 한 풍경 한 풍경에는 여러 직핍함이 가감 없이 다가왔고 삶의 세월이란 게 이처럼 옷 한 벌을 바꿔 입는 세월인 것처럼 새삼 돌이키게 된다.

한 여인의 일대기는 이렇게 흘러왔고 필자 또한 오랜만에 '포플린'이란 잊힌 말도 발음해 보고 독자로서 행복감이 햇살처럼 번져왔다. 대저 시가 무엇인가. 이는 「베갯속 풍경」이 딱 이만큼의 질량만을 담보한 것이었다. 이리 보면 우리네 삶의 풍경이란 것도 어울린 만큼 따뜻하고 한 시대를 감상하는 풍속만큼 화사하고 포근하다. 사람의 세월이란 게 새 옷에서 점차 색이 바래고 삭아 내리고 그러면서 굳어가고 제 속살 드러내지 않으려고 풍경이 바뀔 때마다 옷 한 벌씩 바꿔 입는 일이 아니었던가. 돌아보아 눈물이 날만큼 아름다운 한 폭의 시를 읽을 수 있었다.

위에서 살핀 작품들은 그 표정을 다음처럼 줄일 수 있겠다. 일상에 각인된 시인의 시선과 언어로 생의 여러 표정과 세월을 담은 「손의 역사」, 사는 일은 여러 사연과 굽이를 동반하며 그만큼의 달관에 나아간다는 「꽃밭에서」, 날 저물어 한 지붕 밑으로 상 차려낸 약속에의 간절함과 절절함을 노래한 「약속」, 색과 공의 세계를 실감나게 아우르고 사흘을 퍼마셔도 줄지 않는 바람 맛의 의미를 담은 「바람 맛이 들었다」, 고요함에 이르기까지 마주친, 헤아릴 수 없을 만큼의 높고 깊은, 고요하면서도 잔잔하게 번져온 여러 사물의 의미적 풍경들을 노래한 「고요한 사람들」, 자궁 속에서 올라온 뜨거운 불덩이를 힘주어 삼키면서도 풀어야 할 이야기에 태연하고도 비장한 존재적 겸손을 보인 「우슬재를 넘다」, 생의 여울목에 물길처럼 한마당 가득 흘려보낸 이야기들이 단풍의 갈피갈피에 꽃피어난 회한과 무상으로 노래된 「깊은 겨울」, 뽑힐 듯이 휘어지면서도 거센 바람을 거뜬히 넘겨버리는 억새의 강인함에서 새삼 삶의 지혜가 읽히는 「억새밭」, 마음은 본디 깊은 자궁 같아서 하늘도 바다도 한 아름에 안아 모성적 세계를 노래한 「깨달음」, 삼백예순날을 박자 맞추기 하면서도 끝내지 못하는 묘망한 한 소절의 노래의 여운을 담은 「소망에 대하여」, 촛불로 밝힌 삶의 희망적 의미를 구속과 절규를 내세워 역설적으로 노래한 「도장을 잘못 찍었다」, 백 마리의 나비가 가득 메운 침실에서 시인 또한 나비도 되고 목단꽃도 되었던 신혼시절부터 화사하고 포근한 풍경이 바뀔 때마다 옷 한 벌씩 바꿔 입은 시인은 자신의 주변을 단속하고 또 단속하면서 빨면 빨수록 희고 고운 빛을 냈던 아기자기하면서도 자별한 생애적 시간을 노래한 「베갯속 풍경」 등등에서 이경은의 문학을 나누는 기쁨을 누릴 수 있었다.

거듭되지만 이경은 시인의 시 창작까지에는 시낭송이 자리 잡았고 이를 디딤돌 삼아 오늘 우리가 읽은 작품들로 이경은 시인이 성과 되었다. 그러니까 시낭송가의 세월 너머에 이경은 시인의 자리가 예비 되었다는 의미이겠고 시 낭송의 세월만큼 시창작의 의미 또한 깊다는 얘기이기도 하다.

이경은 시인은 단아하면서도 부끄러움을 타는 듯 수줍고 겸손하지만 작정하면 내적 에너지가 넘치는 추진력을 보여준다. 필자가 겪은 이경은 시인에의 감상법은 건곤일척 자신을 투입한다는 사실을 전제한다. “독서백편의자연”이라는 말에서 보듯 좋은 시를 외우면서 시 창작자의 길에 들어선 그의 전도가 자못 소망스럽다. 새삼 새겨둘 것은 문학하는 세상은 언제고 주변을 에워싼 스팩이나 따지고 밥그릇 숫자나 세는 그런 세상과는 판이하다는 사실이다. 대신에 지금까지 어떤 작품을 써왔고 어떤 작품을 쓰고 있느냐는 현재적 사실 만에 주목한다.

워즈워스는 “시의 기원은 고요 속에 회상된 감정이다.”라고 했다. 낡고 색이 바랜 풍경들의 고요로부터 회상된 이경은의 시편들은 편 편마다 사리를 만들어낸 수도승들의 득도처럼 알알이 시의 사리들을 빚어내고 있다. 나는 이경은 시인의 언어들이 발현한 형형한 생의 광채들을 바라보며 시인의 언어적 간절함과 달관의 경지를 읽을 수 있었다. 이경은 시인이 절치부심 창작한 세상이 시의 꽃밭을 일구면 우리 또한 백화난만한 독자로 어우러질 것이다.

둥근 초록을 쓰다

초판 1쇄 발행 2021년 1월 15일

지은이 이경은
펴낸이 강경호
펴낸곳 도서출판 시와사람
출판등록 1994년 6월 10일 제05-01-0155호

디자인 박지원 **일러스트** 박지원
편집 강나루
주소 광주광역시 동구 양림로119번길 21-1, 2F (학동)
전화 062-224-5319 **팩스** 062-225-5319
E-mail jcapoet@daum.net

ISBN 978-89-5665-587-1 03810

· 값 17,000원